Crew Resource Management in der Leitstelle

Leitsätze für die Arbeit von Disponenten

Anmerkungen des Verlags

Die Autoren und der Verlag haben höchste Sorgfalt hinsichtlich der Angaben von Richtlinien, Verordnungen und Empfehlungen aufgewendet. Für versehentliche falsche Angaben übernehmen sie keine Haftung. Da die gesetzlichen Bestimmungen und wissenschaftlich begründeten Empfehlungen einer ständigen Veränderung unterworfen sind, ist der Benutzer aufgefordert, die aktuell gültigen Richtlinien anhand der Literatur zu überprüfen und sich entsprechend zu verhalten.

Die Angaben von Handelsnamen, Warenbezeichnungen etc. ohne die besondere Kennzeichnung ®/™/© bedeuten keinesfalls, dass diese im Sinne des Gesetzgebers als frei anzusehen wären und entsprechend benutzt werden könnten. Der Text und/oder das Literaturverzeichnis enthalten Links zu externen Webseiten Dritter, auf deren Inhalt der Verlag keinen Einfluss hat. Deshalb kann er für diese fremden Inhalte auch keine Gewähr übernehmen. Für die Inhalte der verlinkten Seiten ist stets der jeweilige Anbieter oder Betreiber der Seite verantwortlich.

Aus Gründen der Lesbarkeit ist in diesem Buch meist die männliche Sprachform gewählt worden. Alle personenbezogenen Aussagen gelten jedoch stets für Personen beliebigen Geschlechts gleichermaßen.

Bibliografische Information der Deutschen Nationalbibliothek
Die Deutsche Nationalbibliothek verzeichnet diese Publikation in der Deutschen Nationalbibliografie; detaillierte bibliografische Angaben sind im Internet über http://dnb.dnb.de abrufbar.

Satz: Bürger Verlag GmbH & Co. KG, Edewecht
Umschlagfoto: Klaus von Frieling, Edewecht
Druck: Print Group Sp. z o.o., ul. Cukrowa 22, 71–004 Szczecin (Polen)
ISBN 978-3-96461-019-5

Crew Resource Management in der Leitstelle

Leitsätze für die Arbeit von Disponenten

2. Auflage

Marcus Rall

Peter Dieckmann

Achim Hackstein

Verlagsgesellschaft Stumpf + Kossendey mbH Edewecht, 2020

Inhaltsverzeichnis

Warum Crew Resource Management?

Crew Resource Management (CRM) ist eine Sammlung von Prinzipien, Methoden und Techniken, um die menschliche Zuverlässigkeit in kritischen Situationen und unter ungünstigen Bedingungen zu erhöhen. CRM dient der Prävention von Fehlern im menschlichen Bereich, sowohl bei Individuen wie in Teams. Das Konzept des CRM basiert auf der Erkenntnis, dass Menschen immer Fehler machen können, und bietet Lösungsstrategien dafür, deren Zahl zu senken. Noch mehr aber geht es beim CRM darum, negative Folgen von Fehlern zu verhindern und möglichst schnell wieder aus Problemen herauszukommen. CRM ist daher besonders auch in Notfallsituationen geeignet, das Management eines kritischen Ereignisses zu optimieren. CRM dient demnach der Prävention und dem Management kritischer Situationen.

Portland, USA:
Am 28. Dezember 1978 um 17.14 Uhr Ortszeit befindet sich der United Airlines Flug 173, eine Douglas DC-8-61, von New York (JFK) kommend im Landeanflug auf den Flughafen von Portland im Bundesstaat Oregon. Zu diesem Zeitpunkt verfügt die Maschine noch über Kraftstoffreserven für etwa 60 Minuten Flugzeit. Nach dem Ausfahren des Fahrwerks stellt der gerade steuernde Pilot fest, dass nur eine der drei grünen Fahrwerksanzeigen leuchtet. Dieses Problem geht einher mit einem undefinierten Rumpeln im Fahrwerkschacht. Während die Pilotencrew versucht, das bestehende Problem zu analysieren, kreist das Flugzeug in der Nähe des Flughafens Portland. Um 18.15 Uhr geht dem Flugzeug schließlich der Kraftstoff aus und es stürzt in einem dünn besiedelten Gebiet ab. Es sterben 10 Passagiere und 24 der 189 Menschen

Abb. 1 ▶ Flugunfall Portland

an Bord werden schwer verletzt. Das Ergebnis der Flugunfalluntersuchungsbehörde (NTSB) ergibt, dass neben einigen kleineren technischen Defekten lediglich zwei der Mikroschalter, die die grüne Kontrollleuchte im Cockpit ansteuern, defekt waren. Eine Landung wäre ohne Probleme möglich gewesen. Das Flugzeug stürzte also ohne jeden nennenswerten technischen Defekt ab. Auch war kein fliegerisches Problem ursächlich, das die Piloten nicht hätten bewältigen können. Ursache waren allein Ablenkung und weitere menschliche Fehler der beiden Piloten (Aviation Savety Network, 1996 – 2013).

Als Folge dieses Unfalls initiierte United Airlines 1980 das branchenweit erste Cockpit-Resource-Management-(CRM)-Programm für Piloten. Das CRM-Programm erwies sich als so erfolgreich, dass es inzwischen auf der ganzen Welt eingesetzt wird – zumindest in der Luftfahrt. Aus diesem Projekt resultierten einige wesentliche Erkenntnisse:

Die schlechte Nachricht:

1) Alle Menschen machen Fehler, auch wenn es besonders wichtig wäre, keine zu machen.
2) Meist führt erst eine Verkettung von Fehlern zu Zwischenfällen.
3) Die Analyse von Zwischenfällen ist aufgrund dieser komplexen Verkettung von Ursachen nicht einfach.

Die gute Nachricht:

1) Durch Anwendung von CRM können Teams oft verhindern, dass (unvermeidliche) Fehler negative Konsequenzen haben.
2) Die Verkettung zahlreicher Faktoren zu einem Zwischenfall kann meist an einer einzigen oder an wenigen Stellen verhindert werden (zur Vermeidung eines Zwischenfalles müssen also nicht alle Ursachen vermieden werden).

Über die Zeit wurde deutlich, dass für die Flugsicherheit nicht nur die Piloten zuständig sind, sondern alle Beteiligten, die im Flugzeug und am Boden zusammenarbeiten müssen. So wurde aus dem Cockpit Resource Management das Crew Resource Management und später das Company Resource Management. Bei der Übertragung in das Gesundheitswesen wurde zunächst der Begriff »Crisis Resource Management« verwendet. Weil es bei CRM aber nicht nur um das Management von kritischen Ereignissen geht, sondern um die Anwendung im Team im Alltag, wird inzwischen meist »Crew Resource Management« als Begriff verwendet.

Prävention und Management von kritischen Ereignissen durch »Crew Resource Management« in der Leitstelle

Aus Sicht der Autoren können die Konzepte des CRM auch in der Leitstelle die Sicherheit erhöhen, wenn man sie entsprechend anpasst. Die Arbeit in einer Leitstelle der Behörden und Organisationen mit Sicherheitsaufgaben (BOS) ist bei vielen Einsatzlagen von einem hohen Entscheidungsdruck und einer hohen Entscheidungsdichte geprägt. Die zu treffenden Entscheidungen basieren meist auf einer dünnen Informationsdecke. Der Anrufer, fast immer ein feuerwehrtechnischer, medizinischer und/oder polizeilicher Laie, steht unter Stress und soll einen Sachverhalt beschreiben, der für ihn völlig neu ist, für den er auch keine Verhaltens- und Kommunikationsmuster parat hat. Die wesentlichen Informationen aus solchen Anrufen zu filtern, stellt hohe Kommunikationsanforderungen an den Disponenten.

Kritische und/oder komplexe Situationen treten meist geballt auf. Nach einer Phase der Ruhe wird es plötzlich hektisch, dann flaut das Einsatzaufkommen genauso schnell wieder ab (bekannt als »Hours of Boredom, Minutes of Thrill«). In den Phasen der Anspannung kommt es auf gezielten Austausch von Informationen im Team an. Ein einzelner Disponent kann heute unmöglich alle Fakten und Abläufe im Kopf haben, aus dem Gedächtnis korrekt reproduzieren und fehlerfrei abwickeln. So wird es notwendig, flexibel und effektiv mit anderen, unterschiedlich bekannten Personen zielgerichtet zusammenzuarbeiten. Fehlentscheidungen in der Leitstelle haben nicht nur Auswirkungen auf die Leitstelle selbst, vor allem bereiten sie nachhaltige und meist nicht mehr nachträglich kompensierbare Probleme bei der Abwicklung der Lage. Beispielhaft seien genannt fehlerhafte Alarmierungen, insbesondere in den Fällen, in denen zu wenige Einsatzmittel und Einsatzkräfte eingesetzt werden. Die verlorene Zeit ist nicht mehr einzuholen, wichtige und vielleicht auch lebensrettende Maßnahmen sind aufgrund fehlender Geräte oder nicht ausreichenden Personals für die Lage nicht umsetzbar. Nachalarmierungen brauchen Zeit, die aber meist nicht zur Verfügung steht. In der Analyse gilt es zu verstehen, ob die Entscheidung des Disponenten falsch war und inwieweit die Angaben des Anrufers der Lage vor Ort überhaupt entsprachen.

Aus Fehlern lässt sich lernen, wenn ihr Zustandekommen analysiert wird. Vielleicht lag es einfach am Zusammenspiel des Teams in einer kritischen und komplexen Situation. Womöglich waren die Angaben im Anruf aber auch solcher Art, dass sie geradezu eine »Fehlerfalle« darstellten. Vielleicht waren einfach zu viele Aufgaben parallel zu erledigen, sodass Wichtiges unterging. Leider fehlen für Leitstellen der Behörden und Organisationen mit Sicherheitsaufgaben Untersuchungen sowohl zum Thema »Lernen aus Fehlern« als auch zur »Teamkommunikation«. Obwohl es sich um ein Hochleistungssystem handelt, vergleichbar mit der Arbeit in einem Tower am

Flughafen, wurden bisher beide Themenbereiche eher zurückhaltend betrachtet. Es wäre wünschenswert, für die Leitstelle übergreifende Erfahrungs- und Lernmöglichkeiten aufzubauen. In vielen High-Reliability-Organisationen (HRO) haben sich dafür Berichtsysteme für den Austausch von kritischen Ereignissen bewährt. Diese CIRS (Critical Incident Reporting Systems) sind ein wichtiger Beitrag für die Systemsicherheit in Organisationen und Einrichtungen. Wenn sie gut gemacht sind, tragen sie zur Optimierung der Sicherheitskultur bei.

Statistiken und Untersuchungen gibt es aber in einem weiteren, dem der Leitstelle vergleichbaren und nahestehendem Tätigkeitsfeld: der Medizin. Für Deutschland kommt das Aktionsbündnis Patientensicherheit nach Sichtung bisheriger Studien zu dem Ergebnis, dass sich bei Krankenhauspatienten – bei zurückhaltender Schätzung – 17 000 Todesfälle pro Jahr auf vermeidbare unerwünschte Ereignisse zurückführen lassen (Aktionsbündnis Patientensicherheit 2007). Die Anzahl vermeidbar leicht und schwer geschädigter Patienten beträgt ein Vielfaches dieser Summe. Die Größenordnung dieser Zahlen liegt in allen entwickelten Ländern etwa gleich hoch und wurde mehrfach bestätigt. »Fehler in der Behandlung« (und damit ist nicht »schuldhaft« gemeint) zählen damit zu den zehn häufigsten Todesursachen in Deutschland. Bisher ist in Bezug auf diese »Krankheit« sicher zu wenig unternommen und geforscht worden. Die Mittel, die im Vergleich zu den anderen zehn häufigsten Todesursachen für die Patientensicherheit zur Verfügung stehen, sind unverständlich klein. Dies ist umso tragischer, als die »Heilungschancen«, also das Nutzen-Aufwand-Verhältnis bei der Diagnose »Fehler in der Medizin«, viel höher sind als für viele Krankheiten mit einer ähnlich hohen Morbidität und Letalität. Bis zu 70 % der Fehler sind auf Probleme im Bereich der Human Factors, also eben nicht auf mangelndes medizinisch-fachliches Wissen zurückzuführen (Rall, Gaba 2009). Somit bietet das auf Verbesserungen in diesem Bereich ausgerichtete CRM-Training unter Einsatz von realitätsnahen Patientensimulatoren eine herausragende Möglichkeit zur nachhaltigen Reduktion von vermeidbaren Patientenschäden (Rall 2010), wenngleich dies, wie in anderen Industriezweigen auch, noch nicht schlüssig bewiesen ist.

Fehler in der Medizin

Medizinische Behandlungsfehler zählen zu den zehn häufigsten Todesursachen weltweit (Kohn et al. 1999). Fehler in der Medizin werden nicht systematisch genug untersucht, es stehen dafür auch kaum Mittel zur Verfügung.

Auch für die Arbeit in Leitstellen kann die Optimierung der Zusammenarbeit im Team und die Reflexion eigener Verhaltensweisen in kritischen und komplexen Situationen zu spürbar besseren Einsatzentscheidungen führen. Schon jetzt führen viele Leitstellen im deutschsprachigen Raum CRM-Seminare und CRM-basierte Simulations-Teamtrainings für Mitarbeiter durch. Einige machen das regelmäßig für alle Mitarbeiter, um die menschliche Zuverlässigkeit zu fördern und damit die »menschlich bedingten« Fehler reduzieren zu helfen.

Ursachen für »menschliche Fehler«

Wenn die Erkenntnis »Menschen machen Fehler« auch nicht ganz neu ist, so lohnt es sich umso mehr zu betrachten, durch welche Faktoren diese menschlichen Fehler eigentlich beeinflusst werden:

Einstellungen und Kooperation

Die Entstehung von Fehlern ergibt sich aus dem komplexen Zusammenspiel von individuellen Faktoren, Technik und der aktuellen Situation. In der Regel lassen sich Fehler leichter entdecken und ihre negativen Konsequenzen leichter verhindern, wenn die Beteiligten zusammenarbeiten. Wenn es als Hilfe angesehen wird, sich gegenseitig auf (mögliche) Fehler hinzuweisen, ist die Chance größer, Schlimmeres zu verhindern. Eine grundsätzliche Zufriedenheit mit dem Beruf und der Arbeitsstätte schafft die Voraussetzung für motiviertes und effektives Arbeiten. Probleme in diesem Bereich können breite Auswirkungen auf Fehler haben. Besteht eine hohe Grundbereitschaft zur Kooperation im Leitstellenteam, wird dies auch in kritischen Situationen einen offenen Austausch von Informationen begünstigen und so Fehler und deren Folgen vermindern.

Kommunikation

Kommunikation im Team bedeutet, es werden Informationen ausgetauscht, es werden Sachverhalte offen geklärt, kritische Fragen sind ebenso zulässig wie das Infragestellen getroffener Entscheidungen. Kommunikationsstil und Kommunikationsmuster der Leitstellendisponenten entscheiden über Erfolg oder Misserfolg der Teamarbeit. Hier geht es auch um die Haltung, mit der kommuniziert wird. Erfolgt der Hinweis auf ein Problem mit dem Gedanken der Bloßstellung des Kollegen oder des »Ich-weiß-mehr-als-Du« oder aber kooperativ im Sinne des Patienten, seiner Angehörigen, der Retter vor Ort oder der anderen Beteiligten?

Situative Aufmerksamkeit

Der Begriff der »Situativen Aufmerksamkeit« (Situation Awareness) beschreibt die Fähigkeit, sich auf eine Aufgabe vollständig zu konzentrieren und nicht zu versuchen, zwei Dinge gleichzeitig und gleich gut erledigen zu wollen. Ablenkung, Langeweile, Selbstzufriedenheit und unvollständige Kommunikationsverläufe schränken die situative Aufmerksamkeit ein. Das führt unter Umständen dazu, dass zwar Widersprüche in Einsatzabläufen erkannt werden, aber nicht darauf reagiert wird. Was bleibt, ist ein ungutes Gefühl; nur wird versäumt, diesem Gefühl auch konsequent nachzugehen. Warnsignale werden übersehen oder nicht ernst genommen. Die situative Aufmerksamkeit kann sowohl von jedem einzeln als auch im Team aktiv optimiert werden.

Wahrnehmungen und Einschätzungen

Gerade am Telefon beruhen Wahrnehmungen und Einschätzungen zu Einsatzlagen auf laienhaften Schilderungen und den eigenen Bildern des Disponenten. Werden diese als »absolut« und »unangreifbar« dargestellt, wird die Lage nicht ständig kritisch reflektiert und mit den Wahrnehmungen anderer Disponenten abgeglichen, resultieren daraus sehr leicht Fehleinschätzungen und daraus Fehlentscheidungen.

Entscheidungsfindung

Entscheidungsfindung in der Leitstellenarbeit ist ungleich schwieriger als mit dem direkten Blick auf den Patienten oder die Einsatzstelle. Werden einmal getroffene Entscheidungen nicht ständig kritisch reflektiert, werden Entscheidungen nicht systematisch, sondern nur »aus dem Bauch heraus« getroffen und auch nicht im Leitstellenteam kommuniziert, sind Fehlentscheidungen unvermeidbar. Reflektierte, mit allen Informationsquellen abgeglichene und ständig an die sich verändernden Umstände (neue Informationen über die Einsatzstelle) angepasste Entscheidungen können dementsprechend enorm effektiv sein. Selbst aus Entscheidungen, die nicht in optimaler Weise der dynamischen Lage angepasst wurden, kann durch kritische Reflexion des Einsatzablaufes im Team ein positiver Lerneffekt generiert werden.

Lernen aus Fehlern, auch wenn sie noch nicht zu Schäden geführt haben (Beinahe-Schäden) ist die Domäne für CIRS. Die Ausweitung solcher CIRS-Fallberichte kann dann idealerweise dazu führen, dass man »lernt, bevor etwas passiert«. CIRS-Fallberichte sind auch eine gute Grundlage für Diskussionen im Team, im Sinne von »Hätte das bei uns auch passieren können?«, »Warum nicht?« etc.

Was ist Crew Resource Management?

Begriffsdefinitionen des CRM (Rall, Gaba 2009)

Crew Resource Management = Prävention und Management von Zwischenfällen. Da die CRM-Fähigkeiten allgemeiner Natur sind und damit weder berufs- noch fachspezifisch sind, können sie auf nahezu alle schwierigen und anspruchsvollen Situationen angewandt werden.

Crew: Das sind alle Personen, die für die Erfüllung von bestimmten Aufgaben notwendig sind. Eine Crew kann zum Beispiel aus mehreren Teams bestehen. So besteht in der Luftfahrt die Flugzeugcrew aus dem Cockpit-Team und dem Flugbegleiter-Team etc.

Resource: Ressourcen sind alle Personen, Geräte und Verfahren, die zum Schutz und Wohl des Patienten und der Einsatzkräfte eingesetzt werden können. Dabei ist die eigene (!) Person ebenso wichtig wie alle Teammitglieder. In diesem Sinne geht CRM über das reine Teammanagement hinaus.

Management: Das Management dieser Ressourcen auf hoher kognitiver Ebene unter den Bedingungen eines Zwischen- oder Notfalles wird dann als CRM bezeichnet. Methoden des CRM können, unter Routinebedingungen angewandt, ebenso zur primären Vermeidung von Zwischenfällen oder unnötiger Stressbelastung bei der Einsatzbearbeitung beitragen.

Bei konsequenter Umsetzung der CRM-Leitsätze kann die überwiegende Mehrzahl der Fehler oder Zwischenfälle, deren Ursachen im Bereich der Human Factors liegen (und das sind in der Medizin immerhin bis zu 70 %), vermieden oder zumindest in der Auswirkung abgeschwächt werden (Rall 2010).

CRM ist nach David Gaba die Fähigkeit, »das Wissen, was getan werden muss, auch unter den ungünstigen und unübersichtlichen Bedingungen eines Zwischenfalles in effektive Maßnahmen in einem Team umzusetzen«. Dies ist unserer Meinung nach in Leitstellen relevant.

In diesem Buch sollen die CRM-Prinzipien vorgestellt werden. Die zugehörigen Merksätze haben sich seit über 20 Jahren in der Anästhesie, Intensiv- und Notfallmedizin im Bereich des Trainings bewährt. Hier werden die Prinzipien für die Belange der Integrierten Leitstelle adaptiert. Wir beziehen uns dabei auf die CRM-Version von Rall und Gaba (Rall, Gaba 2009).

CRM-Leitsätze (nach Rall, Gaba 2009)

1) Kenne Deine Arbeitsumgebung (Technik und Organisation)
2) Antizipiere und plane voraus
3) Fordere frühzeitig Hilfe an
4) Übernimm die Führung oder sei ein gutes Teammitglied mit Beharrlichkeit
5) Verteile die Arbeitsbelastung (10-für-10-Prinzip)
6) Mobilisiere alle verfügbaren Ressourcen (Personen und Technik)
7) Kommuniziere sicher und effektiv – sag, was Dich bewegt
8) Beachte und nutze alle vorhandenen Informationen
9) Verhindere und erkenne Fixierungsfehler
10) Habe Zweifel und überprüfe genau (Double check), verifiziere Annahmen
11) Verwende Merkhilfen und schlage nach
12) Re-evaluiere die Situation immer wieder, wende das 10-für-10-Prinzip an
13) Achte auf gute Teamarbeit, unterstütze andere und koordiniere Dich mit anderen
14) Lenke Deine Aufmerksamkeit bewusst (Situation Awareness)
15) Setze Prioritäten dynamisch

Um diese CRM-Leitsätze mit Leben (und damit Sinn) zu füllen, sind eine intensive Beschäftigung damit, praktische Übung und Anwendung notwendig. Die meisten der CRM-Prinzipien können am besten während realitätsnaher Leitstellensimulationen aufgezeigt und trainiert werden. Denn speziell in kritischen und komplexen Situationen wird das Management der eigenen Fähigkeiten und des Teams besonders wichtig und damit für das Erkennen und Üben zugänglich. Im Anhang des Buches finden sich Beispiele für Trainingsszenarien in Leitstellen und eine Auflistung der erforderlichen technischen Komponenten.

CRM = mehr als Teammanagement und Kommunikation

Wichtig erscheint noch der Hinweis, dass die Idee des CRM deutlich über das reine Teammanagement oder die Optimierung der Kommunikation hinausgeht. CRM enthält, wie in der folgenden Übersicht dargestellt, neben den Team- und Kommunikationselementen auch wichtige Komponenten zur Optimierung der eigenen kognitiven Fähigkeiten (Umgang mit Komplexität, Aufmerksamkeitsverteilung, Entscheidungsfindung, Fixierungsfehler und vermeiden typischer Human Errors etc.).

Komponenten des CRM (Rall, Dieckmann 2005)

CRM ist mehr als Teammanagement und Kommunikation

1) Kognitive, auf das Individuum bezogene Aspekte	2) Team und Kommunikationsaspekte
Situationsbewusstsein, bewusstes Lenken der Aufmerksamkeit	Kommuniziere effektiv, Kommunikationsschleife schließen, Feedback, ISBAR (siehe S. 36)
Dynamische Entscheidungsfindung, Ändern von Entscheidungen, setzen von Prioritäten, Führungsrolle	Teamwork (Führungs- und Mitgliederrolle) Speak-up! (siehe S. 60)
Fixierungsfehler (siehe S. 46)	Besprechung vor und nach Einsätzen (Briefing, Debriefing, siehe S. 72)
Arbeitsumgebung kennen, antizipieren und vorausplanen (siehe S. 20 und S. 22)	Arbeitsbelastung verteilen (siehe S. 28); sehen, was nötig ist
Anfordern von Hilfe (siehe S. 24)	Optimales Nutzen von Hilfe

Viele der CRM-Leitsätze erfordern für ihre Wirksamkeit in der Praxis ein Umfeld, in dem diese bekannt sind und breitflächig angewandt werden. Ein einzelner Mitarbeiter wird in einer starren, hierarchisch verkrusteten Personalstruktur die CRM-Leitsätze allein nicht auf den Boden der Leitstellenrealität bringen können. Andere Mitarbeiter müssen diese CRM-Prinzipien ebenso verstehen und versuchen umzusetzen. Idealerweise trifft CRM auf eine positive Sicherheitskultur mit starkem Engagement vonseiten der Leitstellenleitung.

Abbildung 2 zeigt vier Hochrisiko-/Hochsicherheitsbereiche. Allen vier Bereichen ist gemeinsam, dass sie sicher sein sollten, das Risiko aber hoch ist. Der Unterschied besteht vor allem darin, dass drei der vier Berufsgruppen bei einem individuellen oder einem Fehler im Team selbst Schaden nehmen. In der Leitstelle aber kommt nicht der Leitstellendisponent zu Schaden, allenfalls passiert das dem Notfallpatienten. Auch brennt nicht das Haus des Disponenten bei einem zu geringen Mittelansatz ab, sondern meist das fremder Menschen. Was aber verbindet die vier Bilder miteinander? Für alle anstehenden Aufgaben ist es erforderlich, im Team zu arbeiten. Alle Tätigkeiten finden in einem Segment statt, in dem ein hohes Risiko herrscht, sowohl für das Team als auch für den Einzelnen. Verbindendes Element der Bilder ist der Umstand, dass alle Personen im Bereich der »High Reliability Organisations«, also Organisationen, die besonders zuverlässig und achtsam handeln müssen, tätig sind. Es kommt auf zügig zu treffende Entscheidungen mit oftmals weitreichenden Konsequenzen oder, wie in drei von vier Bereichen, persönlichen Nachteilen an. Die Leitsätze des CRM müssen mit zunehmendem Training »in Fleisch und Blut übergehen«. Sie sollen nicht starr »abgelesen werden«. CRM muss im Team als Konzept verstanden, dann gelebt und aus Überzeugung in der Routine eingesetzt werden. CRM als selbstverständliches Handlungskonzept, das ist das zu erreichende Ziel in jeder Leitstelle.

ABB. 2 ▶ Teams in Hochrisikobereichen

CRM und Sicherheitskultur

Das Bundesministerium für Bildung und Forschung definiert den Begriff der Sicherheitskultur wie folgt:

»Sicherheitskultur bezeichnet die Gesamtheit der Überzeugungen, Werte und Praktiken von Individuen und Organisationen, die darüber entscheiden, was als eine Gefahr anzusehen ist und mit welchen Mitteln ihr begegnet werden soll« (BMBF 2013).

Die Qualität und die Sicherheit der Entscheidungen in einer Leitstelle werden von vielen Einflussfaktoren bestimmt. Dies sind zum Beispiel die Qualität der Alarm- und Ausrückeordnung, die Ergonomie der technischen Systeme, der Pflegezustand des Datenpools und nicht zuletzt auch die Qualität der Notrufabfrage.

Die Sicherheit in einer Leitstelle, d.h. die Sicherheit der zu treffenden Entscheidungen, wäre also immer dann gefährdet, wenn die diese Sicherheit beeinflussenden Parameter nicht gewissenhaft und konsequent eingesetzt und verbessert werden. Die Alarm- und Ausrückeordnung muss dem Versorgungsbereich und der Leistungsfähigkeit der Feuerwehren und Rettungsdienste ständig angepasst werden, die Ergonomie im Leitstellenraum muss gängigen Normen entsprechen und der Datenpool bedarf der ständigen Pflege und Aktualisierung. Ebenso konsequent sind aber auch die Notrufabfrage zu standardisieren und die Kommunikation im Team zu optimieren. Wenn die Entscheidungssicherheit und die Entscheidungsqualität in der Leitstelle tatsächlich zu den wichtigsten Zielen allen Handelns werden, höchste Priorität genießen und die Förderung besserer Teamarbeit und Kommunikation die Regel ist, hat man das Ziel einer positiven Sicherheitskultur erreicht. Dazu gehört dann auch der offene, sanktionsfreie Umgang mit Fehlern (inkl. der Nutzung von Critical-Incident-Reporting-Systemen, CIRS). Wenn ein CRM-Kursteilnehmer nach dem Kurs in eine Leitstelle mit ausgeprägter »Culture of Blame« zurückkehrt, wird er sich schwertun, seine neu erlernten Fähigkeiten effektiv umzusetzen. Allerdings bietet ein solches Training selbst in solchen Fällen Kristallisationspunkte, welche die lokalen Leitstellenstrukturen langsam für das Thema sensibilisieren und verbessern können.

Fehler in der Leitstellenarbeit

Lohnt sich dieser ganze Aufwand eigentlich? Minimieren wir in den Leitstellen tatsächlich die Fehlerquote, wenn wir nach CRM-Leitsätzen trainieren, wenn wir CRM als einen Teil unserer Leitstellenkultur etablieren? Eine schlüssige Antwort auf diese Frage ist schwierig zu geben, weil neben dem Training so viele andere Aspekte über den Erfolg oder Misserfolg bei der Bearbeitung einer Lage entscheiden. Allerdings haben Untersuchungen auch ergeben, dass sich die Fehlerhäufigkeit durch Training messbar senken lässt. Zum Beispiel konnte in England durch intensive Teamtrainings die Gefahr von frühkindlichen Hirnschäden bei der Geburt signifikant gesenkt werden (Draycott et al. 2006) und in den USA konnte die gesamte chirurgische Mortalität (Neily et al. 2010) deutlich reduziert werden. In der Industrie findet sich dazu eine gut anwendbare Definition, innerhalb derer Fehlerfreiheit betrachtet werden könnte:

MTBF

Die Mean Time Between Failure (MTBF) ist ein statistischer Mittelwert für die Zeit zwischen zwei Fehlern, oder positiv formuliert, wie lange man fehlerfrei arbeitet.

Interessant bei der Betrachtung eines Fehlers ist dessen Häufigkeit in einer Zeiteinheit in Abhängigkeit von der durchgeführten Tätigkeit. Oder andersherum, mit Blick auf den MTBF, wie lange der Mensch am Stück fehlerfrei arbeiten kann. Eine im Jahr 2003 veröffentlichte Studie hat folgende, für die Verantwortlichen in einer Leitstelle eigentlich sehr beunruhigende Zusammenhänge darstellen können (Choi, Yeh, Tu 2003):

Fehlerhäufigkeit in einer Zeiteinheit (MTBF)

Routine, gewohnte Tätigkeit	alle 30 min ein Fehler
Komplexe Aufgaben, kein Stress	alle 5 min ein Fehler
Komplexe Aufgaben unter Stress	alle 30 sec ein Fehler

Nachweislich kann ein regelmäßiges Training im Team, z. B. auch unter Beachtung der CRM-Leitsätze, aber auch die Anwendung standardisierter Verfahren zur Patientenversorgung oder Notrufabfrage die Häufigkeit der Fehler minimieren und deren Eintreffwahrscheinlichkeit reduzieren. Das bedeutet, wir machen unter Stress nur noch alle 5 Minuten einen Fehler. Es ist somit leicht nachzurechnen, mit wie vielen Fehlern in der etwa 30-minütigen Anlaufphase zu einem größeren Einsatz in der Leitstelle zu rechnen sein wird.

CRM zielt aber nicht nur darauf ab, Fehler zu minimieren. Die Null-Fehler-Quote ist eine Illusion, die wahrscheinlich nicht einmal eine gute Illusion ist, weil Fehler es auch immer wieder ermöglichen, Prozesse zu optimieren. Mindestens ebenso wichtig ist es aber, die negativen Konsequenzen von Fehlern zu minimieren. Wo es eine Fehleinschätzung der Lage gegeben hat, die in der Reflexion mit einem Kollegen erkannt wurde, kann CRM helfen, diese möglichst schnell und effektiv zu verbessern.

Das Deutsche Institut für Normung definiert Fehler als einen »Merkmalswert, der die vorgegebenen Forderungen nicht erfüllt« und als »Nichterfüllung einer Anforderung«; dabei wird die Anforderung definiert als »Erfordernis oder Erwartung, das oder die festgelegt, üblicherweise vorausgesetzt oder verpflichtend ist« (Deutsches Institut für Normung 2005). Die Betrachtung gemachter Fehler ist unerlässlich, wenn in einer Leitstelle Fehler vermieden werden sollen. Wie oben bereits ausgeführt, verursacht der Mensch etwa 70 % der Fehler, nicht etwa das Einsatzleitsystem oder sonstige Leitstellentechnologien. Aber ein Fehler allein macht noch keinen Zwischenfall. Erst das Zusammenwirken verschiedener Fehler wird aller Wahrscheinlichkeit nach zu einem spürbaren Zwischenfall führen. Werden zu einem Brandeinsatz Feuerwehren aus dem Alarmierungsvorschlag entfernt, können die verbleibenden Kräfte mit ein wenig Glück immer noch zur Brandbekämpfung ausreichen. Lösen aber aufgrund eines Serverproblems bei 50 % der Feuerwehren

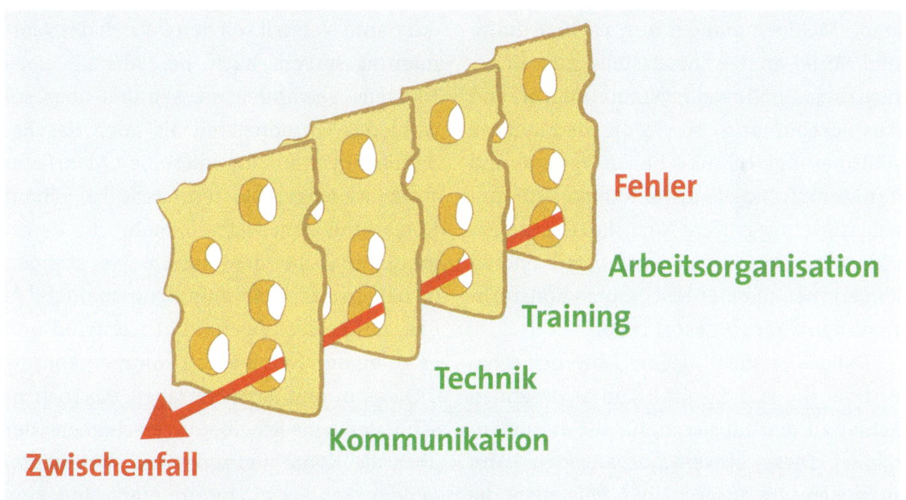

Abb. 3 ▶ Käsescheibenmodell (nach Reason 1990), normalerweise führt erst die Kombination mehrerer Probleme/Fehler zum Zwischenfall

keine Meldeempfänger aus, reichen Kräfte und Mittel an der Einsatzstelle ganz sicher nicht aus. Die Abwehrsysteme »Alarm- und Ausrückeordnung« sowie die »redundante Alarmierungstechnik« haben versagt und der Mensch hat als dritte Komponente unzulässig eingegriffen. Nach Reason stehen die Abwehrmechanismen verschiedener Fehlertypen in einer bestimmten Konstellation zueinander (REASON 1990).

Dabei versucht jeder Abwehrmechanismus, die ständig im Raum anwesenden Fehler zu neutralisieren, für die er zuständig ist. Diese Abwehrmechanismen kann man sich wie Käsescheiben vorstellen, die wie Schutzschilde zwischen Fehlermöglichkeiten und dem aktuellen Einsatz stehen. Der »Abwehrmechanismus« Alarm- und Ausrückeordnung (AAO) schreibt einen in der einsatzfreien Zeit exakt geplanten und verbindlichen Kräfteansatz vor, um den Einsatzerfolg auch unter widrigen Bedingungen stets sicherzustellen. Umgeht der Disponent die Vorgaben der AAO, hat das unter Umständen erhebliche Folgen für den Einsatzverlauf. Ein anderes Beispiel: Das redundante Netzteil soll den Betrieb des Alarmierungsservers auch bei Ausfall eines Netzteils gewährleisten. Wurden aber sowohl das Grundnetzteil als auch das Redundanznetzteil an dieselbe Mehrfachsteckdose angeschlossen, steht bei einem Netzausfall kein Netzteil mehr zur Verfügung. Die Löcher der Käsescheiben standen in beiden Fällen so ungünstig zueinander, dass der Fehler ungehindert passieren und es zu einem Zwischenfall kommen konnte. CRM kann nun dazu beitragen, ein Loch zu schließen, eine Scheibe zu verschieben oder aber die Konsequenzen eines durchschlagenden Fehlers zu minimieren. Und eine dieser Käsescheiben wird durch den Menschen verstellt. Genau an dieser Stelle setzen die CRM-Leitsätze an – die Käsescheiben in der besten Position zu belassen, als letzte Bastion vor dem Zwischenfall.

Wenn CRM im Team angewandt wird, gelingt es immer öfter, den Verlauf von Fehlern zum Zwischenfall aufzuhalten. Jeder CRM-Leitsatz ist wie ein Fehlerfangnetz. Je mehr Fangnetze vom Team aufgespannt werden, desto mehr Fehler bleiben im »CRM-Sicherheitsnetz« hängen und können sich so nicht zum Schaden entwickeln.

Die CRM-Prinzipien in Leitsätzen

Viele Dinge, die im Zusammenhang mit Entscheidungsfindung, Fehlerbetrachtung und dem Menschen als Systemproblem genannt werden, haben den Charakter von Soft Skills. Sie sind schlecht greifbar und schrecken viele Disponenten allein durch ihren wissenschaftlichen Ansatz ab. Gebraucht wird, um CRM wirklich in der Leitstelle nachhaltig zu etablieren, Handwerkszeug für Pragmatiker, d.h. »begreifbare« Regeln und trainierbare Inhalte. Dazu bedarf es gut verankerbarer Formulierungen, die auch unter Stress anwendbar sind. Diesen Charakter haben die CRM-Leitsätze nach Rall und Dieckmann, die nachfolgend erläutert und für die Leitstelle umsetzbar dargestellt werden sollen. Modelle ergänzen und erläutern immer wieder die theoretischen Hintergründe.

Wichtig: CRM ist nicht neu. Jeder gute Leitstellendisponent hat schon alle 15 Leitsätze angewandt – nur nicht unbedingt systematisch und nicht im Team.

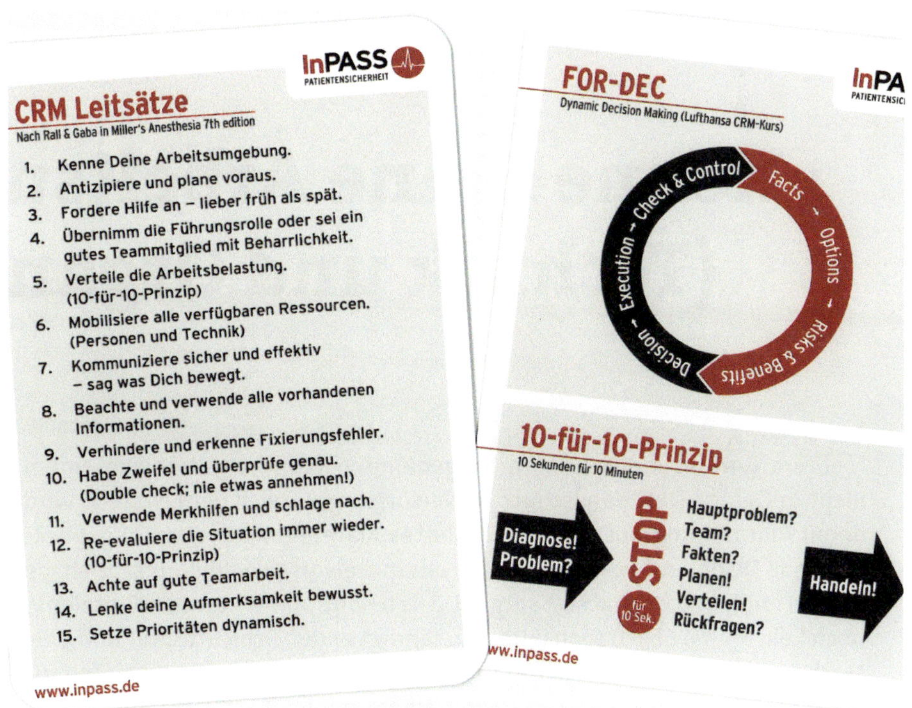

Abb. 4 ▶ Hilfe in kompakter Form: Merkkarten der CRM-Leitsätze (nach Rall, Gaba 2010, Taschenkarten kostenlos erhältlich unter www.inpass.de)

1

»Kenne Deine Arbeitsumgebung« (Technik und Organisation)

Beispiel:
Mehrere Anrufer melden einen ausgedehnten Wohnungsbrand in einem Einfamilienhaus, Personen seien aber nicht in Gefahr. Der Brandschutz im Versorgungsbereich der Leitstelle wird durch ca. 370 Freiwillige Feuerwehren, deren Alarmierung über ein funkbasiertes Alarmierungssystem abgewickelt wird, sichergestellt. Der einsatzbearbeitende Disponent bestätigt den Einsatzmittelvorschlag des Einsatzleitsystems, aus dem heraus auch die Alarmierung erfolgt, und beobachtet sorgfältig den Kontrollmonitor der digitalen Alarmierung. Als auch nach 60 Sekunden noch kein Signal übertragen wird, verständigt er den Schichtführer und wiederholt die Alarmierung der Einsatzkräfte über die Rückfallebene der Alarmierungstechnik. Dieses Mal werden die Daten versandt, die Einsatzkräfte werden ordnungsgemäß, wenn auch mit einem minimalen Zeitverzug, alarmiert. Durch die regelmäßigen Unterbrechungen und die Einbeziehung aller Beteiligten wissen immer alle über alle Vorgänge Bescheid und die Arbeit kann sehr zielführend und befriedigend abgewickelt werden.

Idealerweise beginnt das Management von Zwischenfällen vor dem Zwischenfall. Ein Schlüssel hierfür ist, die eigenen Ressourcen zu kennen. Ressourcen sind z.B. verfügbares Personal, verfügbare Einsatzmittel und die eigene technische Ausstattung. Sie müssen nicht alles selbst wissen und können, sollten aber immer wissen, wie Sie sich bei Problemen Hilfe organisieren. Dazu sollten Sie wissen, wen Sie zu unterschiedlichen Zeiten (tagsüber, in der Nacht, am Wochenende) alarmieren/verständigen können. In Bezug auf die vorhandene Leitstellentechnik ist es wichtig, die zur Verfügung stehenden Rückfallebenen zu kennen und sie sicher und effektiv benutzen zu können – besonders bei drohenden Zwischenfällen unter persönlichem Stress. Denken Sie dabei vor allem auch an die Elemente, die Sie selten brauchen, und bleiben Sie im Umgang damit vertraut, sodass Sie es bei einem Zwischenfall nicht erst lernen müssen. Den Ersatzspannungserzeuger nachts bei einer technischen Störung das erste Mal zu erkunden oder die Steckdose zu suchen und nicht zu wissen, wo die dazugehörige Leitung liegt, ist ungünstig, erhöht den eigenen Stress vermeidbar und führt unter Umständen zu negativen Ergebnissen.

Abb. 5 ▶ Komplexität eines Leitstellenarbeitsplatzes

Merke: Während eines Notfalles kann das Kennen der verfügbaren menschlichen, technischen und organisatorischen Ressourcen sehr deutlich den Stress reduzieren und damit die kognitive Leistungsfähigkeit und Besonnenheit erhöhen. Bei zeitkritischen Zwischenfällen kann dieses Wissen für den Einsatzverlauf entscheidend sein.

2

»Antizipiere und plane voraus«

Beispiel:
An einem Samstagabend wird ein Dachstuhlbrand in einem dicht bebauten Wohngebiet gemeldet, ob Personen in Gefahr sind, kann der Anrufer aber nicht mit Sicherheit sagen. Der Disponent setzt entsprechend der für diesen Ort geltenden Alarm- und Ausrückeordnung die Freiwillige Feuerwehr ein, diese verfügt über keine Drehleiter, die auch im Rahmen der aktuellen Alarm- und Ausrückeordnung zunächst nicht vorgesehen ist. Der Disponent alarmiert dennoch aufgrund der ihm bekannten mehrgeschossigen Bauweise die Nachbarwehr, die umgehend ein Hubrettungsfahrzeug besetzt und zur Einsatzstelle fährt. Unter Beachtung der aktuellen Tageszeit geht der Disponent davon aus, dass doch Personen betroffen sein könnten und alarmiert zusätzlich den Rettungsdienst. Tatsächlich finden die Einsatzkräfte eine vor dem Haus liegende Person mit starken Verbrennungen vor. Umgehend, noch vor der endgültigen Versorgung des Patienten, organisiert der Disponent über die Koordinierungsstelle für Schwerbrandverletzte der BF Hamburg einen Versorgungsplatz in einer Spezialklinik und fragt die Verfügbarkeit eines geeigneten Rettungshubschraubers ab.

Antizipation – die gedankliche Vorwegnahme von Handlungsschritten – ist der Schlüssel für ein zielgerichtetes Handeln. Überlegen Sie vor einer Entscheidung, welche Schwierigkeiten zu erwarten sind und planen Sie, wie Sie gegebenenfalls damit umgehen könnten. Erwarten Sie das Unerwartete. Besprechen Sie Ihr geplantes Vorgehen mit allen Beteiligten. Denken Sie dabei auch an Komplikationen und Ausweichmöglichkeiten. Seien Sie vorbereitet und bleiben Sie Herr der Lage – agieren Sie aktiv, bevor Sie auf die Situation reagieren müssen. Arbeiten Sie nicht nur am aktuellen Problem, sondern denken Sie voraus. Piloten sagen: »Ein guter Pilot fliegt seinem Flugzeug (mental) immer 10 Meilen voraus.« Erfahrene Disponenten antizipieren und planen meist mehr als nach außen dringt – dies macht unter anderem ihre besonnene Expertise aus. Rechtzeitige Vorausplanung und Absprachen im Team über zu erwartende Aktionen ersparen Fehlentscheidungen, Missverständnisse und »böse« Überraschungen. Problematisch wird es allerdings immer dann, wenn der Disponent zu lange nur »nach innen« plant und sein Team erst dann beteiligt, wenn es schon fast zu spät ist und eine Reihe von Fehlentscheidungen bereits getroffen wurde. Klar ist aber auch, dass eine solche Einzelplanung eben praktisch in allen Fällen dem Wunsch entspringen dürfte, das Beste tun zu wollen.

Merke: Antizipation hilft dabei, Überraschungen zu vermeiden. Während eines Zwischenfalles oder stressigen Einsatzverlaufes in der Leitstelle können Sie Überraschungen nicht brauchen. Das Vorausplanen und die Kommunikation dieser Planung im gesamten Team nehmen viel Spannung aus diesen »heißen« Phasen.

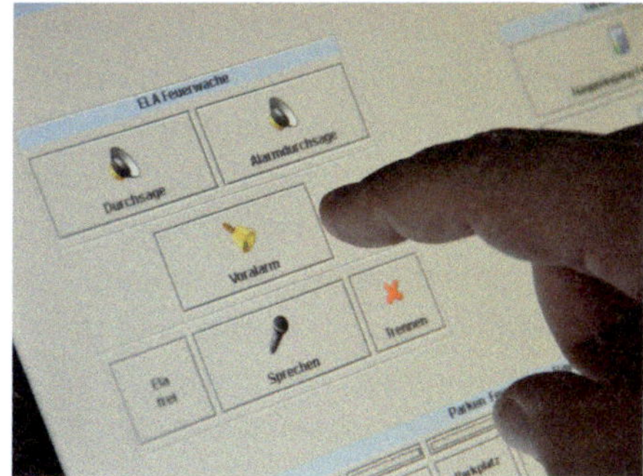

Abb. 6 ▶ Kennzeichnung beugt dem Stress vor

3

»Fordere frühzeitig Hilfe an«

Beispiel:
Der Deutsche Wetterdienst (DWD) in Hamburg meldet eine herannahende Schlechtwetterfront. Diese soll Starkwinde bis Stärke 12 (Windgeschwindigkeiten von 118 bis 133 km/h) und höchst ergiebige Niederschläge bringen. Der diensthabende Schichtführer beobachtet schon seit einigen Stunden diese Entwicklung, der Wind auf dem Gelände der Leitstelle ist bereits spürbar aufgefrischt. Die Erfahrung der letzten Jahre hat aber gezeigt, dass die Vorhersagen in den seltensten Fällen zutreffen. Zur Verifizierung der Wetterdaten fragt er daher noch den benachbarten dänischen Wetterdienst ab, der jedoch vergleichbare Prognosen liefert. Der Schichtführer entschließt sich daher, die Leitstelle durch dienstfreies Personal nachbesetzen zu lassen, und passt anhand der Checkliste die leitstelleninternen Strukturen der zu erwartenden Sonderlage an. Wie vorhergesagt tritt die Schlechtwetterfront im betroffenen Gebiet ein und führt zu rund 300 ausschließlich wetterbedingten Einsätzen der Freiwilligen Feuerwehren innerhalb von zwei Stunden.

Das Kennen der eigenen Grenzen und das frühe Rufen nach Hilfe sind Kennzeichen eines starken Charakters, zeigen Verantwortungsbewusstsein und sprechen für eine kompetente Person. Zu versuchen, einen Zwischenfall oder eine schwierige Entscheidungssituation allein durchzustehen, ist gefährlich und nicht angemessen. Dieses falsch verstandene »Heldentum« geht auf Kosten der Einsatzentscheidung oder des Einsatzverlaufes, im schlimmsten Fall zulasten eines Notfallpatienten. Im Falle eines auch nur vermuteten Problems sollten Sie Hilfe anfordern – lieber zu früh als zu spät. Alle zusätzlichen Ressourcen, die Sie anfordern, werden eine bestimmte Vorlaufzeit haben, bevor sie verfügbar sind. Sehr schnell kann es während eines Zwischenfalles zu einer so hohen Arbeitsbelastung kommen, die nicht mehr mit den normalen Ressourcen vor Ort bewältigt werden kann. Sie müssen wissen, wie Sie Hilfe erreichen können und wie lange es – realistisch betrachtet – dauern wird, bevor angeforderte Hilfe auch wirklich zur Verfügung steht. Machen Sie sich für jeden möglichen Zwischenfall und jede Uhrzeit kurz Gedanken, wo Ihnen welche technische, personelle oder organisatorische Unterstützung zur Verfügung steht. Das Potenzial theoretisch verfügbarer Hilfe kann auch direkten Einfluss auf Ihre Handlungsplanung haben. Die schnellste Hilfe bringt der Schicht- oder Lagedienstführer. In jedem Leitstellenraum sollte es Mechanismen geben, die sofort anzeigen, wenn ein Disponent Unterstützung benötigt, und die Aufmerksamkeit der Kollegen auf ihn lenken.

Rufen und Winken bringen in stressigen Situationen, vor allem in immer größer werdenden Leitstellenbetriebsräumen, nicht den gewünschten Erfolg. Im Gegenteil, die Lautstärke kann den Stress noch verstärken. Nebenstehende Abbildung zeigt eine mögliche Lösung. Die gelbe Leuchte kann über einen Tastschalter im Betriebstisch eingeschaltet werden und blitzt dann etwa 60 Sekunden ununterbrochen. Der Schichtführer/Lagedienstführer ist informiert und kann unterstützen. Großzügig einsetzen bedeutet, professionell arbeiten – »Der Profi drückt gelb!« – ist der Slogan.

Abb. 7 ▶ Signallampen Betriebstische KRLS Nord

Merke: Früh Hilfe anzufordern, ist kein Zeichen von Schwäche oder geringem Selbstvertrauen, sondern zeigt Verantwortungsbewusstsein und Respekt für die Tätigkeit in der Leitstelle. Falsche »Helden« sind in einem auf Kompetenz ausgerichteten Leitstellenbetrieb ebenso kritisch zu sehen wie diejenigen, die dem hilfesuchenden Kollegen Inkompetenz oder Unselbstständigkeit vorwerfen.

4

»Übernimm die Führung oder sei ein gutes Teammitglied mit Beharrlichkeit«

Beispiel:
Im Rahmen der Stellennachbesetzung wird ein junger und engagierter Kollege zum Schichtführer befördert. Damit waren, aus den verschiedensten Beweggründen, nicht alle Mitarbeiter einverstanden. Leider nutzen nicht alle Disponenten konsequent die standardisierte Notrufabfrage. Daher kommt es im Leitstellenraum immer wieder zu Diskussionen, wenn der »Neue« auf die Einhaltung der Regeln hinweist. Aktuell wurde ein Herz-Kreislauf-Stillstand, bedingt durch die fehlende Frage nach der Atmung, nicht erkannt. Der Schichtführer bespricht dies zunächst mit dem betroffenen Kollegen und anschließend im Team. Die Rückmeldungen zu dieser Vorgehensweise sind überwiegend positiv, die Zusammenarbeit im Team verbessert sich daraufhin deutlich.

Abb. 8 ▶ Koordination und Planung

Ein Team braucht einen Leiter. Jemand muss das Kommando übernehmen, die Aufgaben verteilen und alle Informationen sammeln und integrieren. Führung bedeutet nicht, mehr als alle anderen zu wissen, alles allein zu machen, besser zu sein als alle anderen, andere Personen »herunterzumachen«. Führung bezieht sich auf Koordination und Planung des Vorgehens und auf die klare Kommunikation dieser Planungen. Außerdem obliegen der Führungsperson/dem Schichtführer oder dem Lagedienstführer die Kontrolle des Erfolges aller durchgeführten Maßnahmen sowie eine daraufhin notwendige Anpassung des Vorgehens. Gute und wichtige Teammitglieder/Disponenten folgen ihrem Teamleiter in kooperativer und antizipativer Weise. Achten Sie als Teammitglied darauf, was der Teamleiter sagt, und tun Sie, was nötig ist. Das bedeutet keinesfalls, dass Sie Ihr Gehirn ausschalten können. Bringen Sie sich und Ihr Wissen ein. Setzen Sie durch, dass der Teamleiter Ihre Meinung wahrnimmt, wenn Sie der Meinung sind, dass er oder sie eine falsche Entscheidung trifft. Sie müssen nicht Ihre Meinung durchsetzen, aber Sie müssen sicherstellen, dass Sie in die Überlegungen mit einbezogen werden. Sie sind dafür verantwortlich, dass ein Teamleiter Ihre Bedenken kennt (Assertiveness). Oberstes Ziel ist die kompetente und geltenden Standards entsprechende Abarbeitung aller Einsätze. Kämpfen Sie dafür. Das ist auch im Sinne des Leiters. Gibt es ein grundsätzliches Problem mit der Rollenverteilung im Leitstellenraum, dann diskutieren Sie es – aber nach dem Zwischenfall. Die Einsatzabwicklung darf nie unter internen Problemen des Teams Qualitätseinbußen erleiden. Aus anderen Bereichen, wie z.B. der Luftfahrt, ist bekannt, dass ca. 80 % aller Zwischenfälle auf Kommunikationsfehler zurückzuführen sind (Helmreich 2000), die teilweise erst durch Spannungen und mangelnden Austausch im Team hervorgerufen wurden.

Merke: Konzentrieren Sie sich darauf, was richtig ist, und nicht darauf, wer recht hat. Ein Team besteht aus einem Teamleiter (Schichtführer/Lagedienstführer) und Teammitgliedern (Leitstellendisponenten), die diesem Teamleiter folgen. Die Aufgabe des Teamleiters ist es, zu koordinieren und zu integrieren, aber alle Teammitglieder sind gleichermaßen für die Arbeit in der Leitstelle verantwortlich, z.B. weil sie die getroffenen Entscheidungen in die Tat umsetzen oder auch helfen können, die Entscheidungen selbst zu optimieren.

5

»Verteile die Arbeitsbelastung« (10-für-10-Prinzip)

Beispiel:
Abgesehen von einigen Routineeinsätzen, die aber auch zeitlich versetzt abgewickelt werden, ist es heute sehr ruhig im Versorgungsgebiet, sodass die Mitarbeiter der Leitstelle entspannt die privaten und beruflichen Geschehnisse der vergangenen Woche austauschen. Plötzlich laufen gleichzeitig an allen Betriebstischen Notrufe ein, die einen ausgedehnten Dachstuhlbrand mit starker Rauchentwicklung in einem Gewerbegebiet in der Nähe eines Krankenhauses melden. Der Schichtführer verteilt umgehend Aufgaben an die Disponenten, wie z.B. Information des Krankenhauses, Heranführung der Einsatzkräfte, Objektrecherche und Durchführung weiterer Alarmierungen. Nach etwa 5 Minuten unterbricht der Schichtführer die Arbeit im Leitstellenraum, gibt einen Überblick über die Gesamtlage und lässt sich sehr kurz Rückmeldungen zu den verteilten Aufgaben geben. Nach weiteren 8 Minuten trifft der Leitungsdienst der Leitstelle ein, erneut wird die Lage unterbrochen und alle Beteiligten bringen sich auf den aktuellen Stand der Einsatzabwicklung. Die Lage wird neu beurteilt, die Aufgaben werden neu geordnet.

Was ist das 10-für-10-Prinzip? (nach RALL 2008)

10 Sekunden für 10 Minuten ist eine Methode, Teams durch kurze Unterbrechungen (symbolisch für 10 Sekunden) auf einen Stand zu bringen und alle Meinungen einzuholen und dann die Aufgaben bestmöglich neu zu verteilen. Ziel ist, dass dann die nächsten 10 Minuten (wieder symbolisch) wesentlich besser und effektiver laufen.

Wann kommt das »10-für-10« zum Einsatz?

- **zu Beginn eines Einsatzes/eines Notrufes oder bei Stellung einer »Arbeits-Diagnose«**
- **immer wenn Sie das Gefühl haben, im Ablauf »festzustecken« oder die Entscheidung nicht den erwarteten Erfolg zeigt**
- **wenn Sie das Gefühl haben, »das Chaos ist ausgebrochen« (zunehmender Lärm und Hektik im Leitstellenraum)**

Eine der Hauptaufgaben eines Teamleiters ist das Verteilen der anfallenden Aufgaben. Es braucht jemanden, der festlegt, was zu tun ist, und sich darum kümmert, dass die definierten Aufgaben erledigt werden. Alles muss zusammenpassen. Gerade das Delegieren von Aufgaben kann helfen, effektiv mit Zwischenfällen und plötzlichen Hochlastsituationen umzugehen, weil mehr kognitive Ressourcen für die Koordination verbleiben. Dabei verschafft die Delegation von ganzen Aufgaben mit Regulationsmöglichkeiten mehr Freiraum als nur die Delegation von Einzelmaßnahmen (»Du übernimmst ab jetzt die Heranführung der Feuerwehren zur Einsatzstelle!« ist besser als nur »Sag mal, wohin die sollen!« zu sagen). Oft wird die Zeit für die Delegation ganzer Aufgaben überschätzt und der Erfolg, d.h. die Luft, die man sich dadurch verschaffen könnte, unterschätzt. Teammitglieder sollten offene Augen für Aufgaben haben, die zu erledigen sind. Es ist keine gute Zusammenarbeit, wenn der Teamleiter alle Aufgaben einzeln vergeben muss, bevor sie erledigt werden. Da es als Human Factor bekannt ist, dass während anspruchsvoller manueller Tätigkeiten nicht gut überlegt werden kann (und andersherum), sollte man schwierige manuelle Arbeiten und wichtige taktische, planerische Tätigkeiten trennen.

Was bedeutet das 10-für-10-Prinzip im Detail? Es beruht auf der Erkenntnis von Rall aus Tausenden von Full-Scale-Simulationsszenarien: Viele eigentlich kompetente Teams machen trotzdem Fehler, welche ihnen zum Teil schon direkt nach dem Trainingsszenario bewusst sind. Die dort gemachten Erfahrungen sind nahezu vollständig auf die Arbeit in einer Leitstelle zu übertragen. Die Ursache für die »Nichtan-

Wie soll das »10-für-10« angewendet werden?

In den oben genannten Situationen:

- nicht innerhalb eines Sekundenbruchteils mit der Entscheidung und Alarmierung beginnen, spontane Ideen und Optionen von durchdachten Entscheidungen/Strategien klar trennen;
- um Ruhe bitten, einen tiefen Atemzug nehmen und dann das formale »Team-Time-Out« (»10-für-10«) durchführen, alle sollen kurz zuhören, mitdenken und ihre Vorschläge oder Bedenken einbringen.

Wichtig ist, dass während des »10-für-10« alle Teammitglieder zuhören und ihre Aktivitäten unterbrechen!

wendung des theoretisch vorhandenen Wissens« (s. Definition CRM) scheint häufig in einer subjektiv zu stark empfundenen Zeitnot und dem damit verbundenen Entscheidungs- und Handlungsdruck zu liegen. Bedingt durch die Notfallsituation entsteht auch in der Leitstelle der Eindruck, man müsse »sofort« reagieren und »intuitiv« das Richtige tun. Dabei kommt es dann zu Versäumnissen, falschen Einsatzentscheidungen in falscher Reihenfolge, Nichtabfragen des Teamwissens etc. Aus der Sicht der Arbeitsgruppe von Marcus Rall am InPASS und der Koautoren Flin und Glavin im Bulletin 35 (Rall, Glavin, Flin 2008) besteht auch in der Notfallmedizin, und vergleichbar wohl auch in der Leitstelle, kaum ein Zeitdruck in der Dimension von Sekunden. Keine Entscheidung oder Handlung muss tatsächlich in Sekunden getroffen werden, man kann aber sehr wohl innerhalb weniger Sekunden »die falsche Entscheidung« treffen. Man hat also immer Zeit, um sich einige Sekunden zu sammeln, Gedanken zu machen, zu sortieren und im Team das Vorgehen abzustimmen. Danach ist die Arbeit wesentlich überlegter und koordinierter und für die Einsatzabwicklung effektiver. Daher der Name »10-Sekunden-für-10-Minuten«. Beide Zeiträume sind natürlich symbolisch zu verstehen.

Merke: Sie können nicht alles allein machen und sollten es auch nicht. Besonders als ein Teamleiter sollten Sie Aufgaben und Arbeitsbelastung verteilen und koordinieren. In besonderen Lagen ist eine einzige Minute für die Planung später durch koordiniertere Abläufe leicht wieder mehrfach wettgemacht. Als Teammitglied sollten Sie versuchen, dem Leiter Zeit zum Nachdenken und koordinieren zu lassen. Seien Sie proaktiv, machen Sie, was Sie können. Denken Sie daran: »10 Sekunden für 10 Minuten«!

Abb. 9 ▶ Die Komplexität einer Leitstelle erfordert wertschätzende und konsequente Führung.

6

»Mobilisiere alle verfügbaren Ressourcen« (Personen und Technik)

Beispiel:
Heute Morgen kam es mal wieder zu einer lautstarken Auseinandersetzung mit der pubertierenden Tochter. Seit Tagen wiederholen sich diese Szenen und beschäftigen den Disponenten eigentlich den ganzen Tag. Kaum hat er den Dienst übernommen, fordert der Hausarzt einen Krankentransport an, den er auch sofort durchgeführt haben möchte. Es kommt zum Konflikt am Telefon. Kurz danach melden mehrere Anrufer einen schweren Verkehrsunfall, der Disponent verliert kurzzeitig den Überblick und vergisst, das NEF zu alarmieren. Er fordert über die gelbe Blitzleuchte den Schichtführer zur Unterstützung an. Der Schichtführer macht ein kurzes 10-für-10-Manöver, informiert das ganze Team und verteilt die Aufgaben. Er bittet den Disponenten, eine kurze Pause einzulegen. Mithilfe der georeferenzierten Darstellung der aktuellen Standorte aller Rettungsmittel setzt der Schichtführer ein zwar nicht zuständiges, aber deutlich näher zur Einsatzstelle stehendes NEF ein und kompensiert so den initial eingetretenen Zeitverlust.

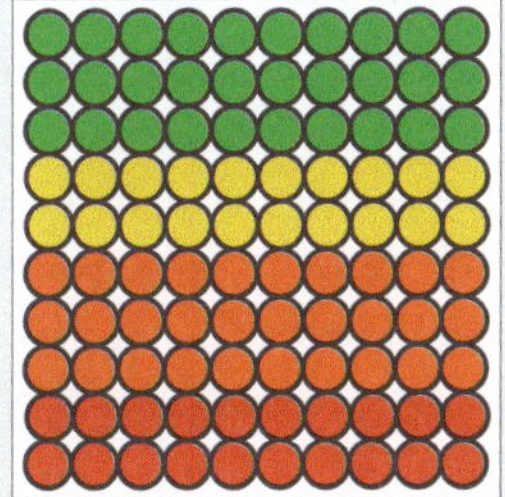

Abb. 10 ▶ Kapazitätenmodell nach Richter, Teil 1 (Quelle: Richter 1998)

Ihr eigenes Wissen, Ihr Können und Ihre Einstellung sind wichtige Ressourcen. Besonders das Wissen um Ihre Schwachpunkte ist sehr wichtig und hilfreich, wenn es um die Bewältigung besonderer Situationen in der Leitstelle geht (wie Sir Karl Popper, der in Demut vor dem vielen Nichtwissen sagte: »Ich weiß, dass ich nichts weiß ... und kaum das.«). Ressourcen sind da, um genutzt zu werden. Denken Sie an jeden und alles, das Ihnen helfen kann, mit einem akuten Problem umzugehen. Dazu gehören Menschen genauso wie die Leitstellentechnik und organisationale Prozesse, die beides miteinander verbinden. Es ist doch schade, wenn Sie allein mit einer besonderen Lage kämpfen, und dabei eventuell Fehler machen, während andere Kollegen mit dem nötigen Wissen und Ressourcen verfügbar wären (eigene Kollegen, Polizei, Rettungsdienst, Feuerwehr, Leitungsdienste usw.). Leider kommt es immer wieder zu Problemen, die mit den eigentlich verfügbaren, mobilisierbaren Ressourcen hätten verhindert werden können. Menschen verfügen nicht an allen Tagen und zu allen Tageszeiten über identische Kapazitäten. Auch in einem Team sind an unterschiedlichen Tagen abweichende Ressourcen zur Lösung von Problemen oder zum Handling eines Zwischenfalles vorhanden. Logisch nachvollziehbar wird dies mithilfe des Kapazitätenmodells nach Richter (Thomas, Luneschnig 2018), das sehr anschaulich die Ressourcen eines Teammitgliedes und dessen Veränderungen und/oder Einschränkungen darstellt.

Vergleichen Sie den Menschen mit einem leeren Quadrat, zum Leben erweckt wird dieses Quadrat durch verschiedenfarbige Kugeln, die sowohl freie Ressourcen (grüne Kugeln) als auch bereits gebundene Kapazitäten darstellen sollen. Dies bedeutet, der Mensch der nebenstehenden Abbildung kann nicht seine gesamten Ressourcen in den Dienst der Leitstelle stellen. Er ist mit familiären, psychischen und physischen Problemen beschäftigt, die einen großen Teil seiner (Denk-)Kapazitäten binden, noch bevor es überhaupt zu einem Zwischenfall gekommen ist. Und wenn dieses Leitstellenteam aus drei Disponenten besteht, sind die Ressourcen bei allen drei Menschen unterschiedlich verteilt.

Die roten, orangen und gelben Kugeln stehen für Ressourcen, die bereits zur Lösung anderer Probleme im Einsatz sind. Diese »anderen Probleme« sind mannigfaltig und vor allem jeden Tag anders in ihrer Quantität, Intensität und Qualität. Jeder einzelne Disponent wird den Zwischenfall unter Umständen nicht beherrschen, dazu fehlen ihm einfach »grüne Kugeln«. Erst die Addition der grünen Kugeln, der Austausch an Informationen im Team, schafft genügend freie Ressourcen, um die Lage in den Griff zu bekommen, vielleicht reicht es sogar aus, um wieder »vor die Lage« zu kommen.

Merke: Oftmals merkt man erst nach einem besonderen Einsatzfall, welch wertvolle Ressourcen man nicht genutzt hat. Dies können Personen, technische Einrichtungen oder taktische Größen sein. Diese Ressourcen muss man einerseits kennen [siehe Leitsatz (1) »Kenne Deine Arbeitsumgebung«] und andererseits dann auch frühzeitig und großzügig aktivieren und optimal ausnutzen. Die menschlichen Ressourcen sind unterschiedlich verteilt, sie lassen sich durch Austausch im Team aber addieren.

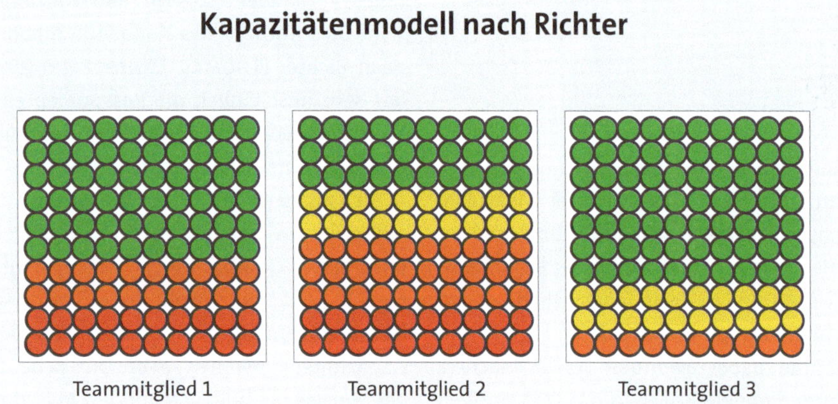

Abb. 11 ▶ Kapazitätenmodell nach Richter, Teil 2

Abb. 12 ► Eigene Kapzitäten zu kennen und verfügbare Ressourcen zu nutzen, heißt auch, die eigene Belastung im Blick zu haben.

7

»Kommuniziere sicher und effektiv – sag, was Dich bewegt«

Beispiel:
Im Rahmen eines Notfalleinsatzes werden, vorgeschlagen durch den Einsatzleitrechner, vom Disponenten der Leitstelle ein RTW und ein NEF der nächsten Rettungswache alarmiert. Noch während der Alarmierung, die auch der Disponent am Betriebstisch nebenan mitbekommen hat, schlägt dieser vor, einen anderen Rettungswagen, der dem Einsatzort deutlich näher steht, zu alarmieren. Er steht dazu auf und stellt sich direkt neben den Kollegen, sodass die Information nicht untergehen kann. Daraufhin verändert der einsatzführende Disponent den Einsatzmittelvorschlag und setzt statt der durch das System vorgeschlagenen Rettungsmittel den näher stehenden RTW ein. Er meldet dies dem Kollegen und dem Schichtführer zurück, beide bestätigen den Eingang der Information.

Kommunikation ist eigentlich kein CRM-Prinzip, sondern das Bindeglied für die meisten anderen CRM-Leitsätze. Dennoch gibt es für die Kommunikation einige wichtige Regeln, die sich in den Bereichen, wo richtige und sichere Verständigung essenziell ist, bewährt haben. Ebenso gibt es typische Fehler bei der erfolgskritischen Kommunikation, die im Alltag wegen mangelnder Konsequenz häufig »eingeübt« werden. Leider führt auch »cool sein« wollen zu ungünstigen Kommunikationsarten. Gute Kommunikation umzusetzen, ist gar nicht so einfach, weil es für jede Situation unendlich viele Wege gibt, richtig und effektiv zu kommunizieren:

Kommunikation ist einer der Schlüssel für das Management kritischer Fälle und besonderer Lagen in der Leitstelle. Die Verteilung von Aufgaben, das Berichten über den Status ihrer Erledigung, das Einholen einer zweiten Meinung usw. – all dies hängt davon ab, dass Sie effektiv kommunizieren. Kommunikation ist das Mittel, dass es erlaubt, alle am Geschehen Beteiligten auf dem gleichen Stand zu halten. Jeder muss wissen, was gerade abläuft, um möglichst gut unterstützen zu können. Kommunikation ist nötig, um zu bestimmen, was noch getan werden muss, und festzuhalten, was schon erledigt ist. Nur wenn ein Auftrag (Nachricht) des »Senders« auch wirklich den »Empfänger« erreicht und der diese Nachricht versteht und deren Ausführung tatsächlich bestätigt, ist die Kommunikation, insbesondere in kritischen Situationen, gelungen. Gerade in kritischen und komplexen Situationen müssen in der Regel mehrere Aufgaben gleichzeitig durch einen Disponenten wahrgenommen werden. Auch der Schichtführer/Lagedienstführer ist mit mehreren Maßnahmen und Telefonaten beschäftigt. Kommt es jetzt zum »Austausch« wichtiger Informationen, einfach mal so in den Raum gesagt, kann mit Sicherheit davon ausgegangen werden, dass die Inhalte den Empfänger nicht erreichen werden. Nur wenn sowohl Sender als auch Empfänger alle anderen Einflüsse ausschalten und aufmerksam kommunizieren, werden die Kapazitäten ausreichen, die Information auch wirklich aufzunehmen und nutzen zu können. In der Kommunikation gilt daher grundsätzlich:

- Gedacht ist nicht gesagt
- Gesagt ist nicht gehört
- Gehört ist nicht verstanden
- Verstanden ist nicht gemacht

Soll also sichergestellt werden, dass die Information den Empfänger verwertbar erreicht hat, muss dieser den Empfang bestätigen. Es gilt der Grundsatz:

Close the Loop!

Ist dieser Loop nicht geschlossen, kommt es immer wieder zu Missverständnissen im Team und nicht selten wird Erstaunen geäußert: »Ich dachte, Du machst das!« Gemacht

Abb. 13 ▶ Kommunikationsschleife

hat es aber leider keiner. Gleichzeitig greift hier auch der CRM-Leitsatz Nr. 10: »Nie etwas annehmen!«

Um Kommunikation in kritischen Situationen strukturiert und standardisiert zu ermöglichen, wurde die »ISBAR-Technik« entwickelt. Die Anwendung von ISBAR soll es unabhängig von Hierarchien und Rängen, Situationen und anderen Gegebenheiten erlauben, wichtige Informationen strukturiert und damit maximal effektiv zu übermitteln. Die Anwendung von ISBAR setzt etwas Übung voraus, das ganze Team sollte Kenntnis über die Technik haben (man sollte einen ISBAR-Kommunikationsblock möglichst nicht unterbrechen), und man sollte sich vor der Anwendung kurz besinnen, damit alle wichtigen Informationen auch enthalten sind (getreu dem Motto »Denken vor Sprechen«).

Insgesamt bezweckt ISBAR, dass alle Informationen, die dem Sender wichtig sind, auch den Empfänger erreichen, also, dass der Empfänger weiß, was der Sender möchte bzw. weiß und warum der Sender dies möchte bzw. weiß.

ISBAR kann je nach Umständen mal länger und mal kürzer sein. Nach einer guten Anwendung von ISBAR sollte der Empfänger nicht mehr fragen müssen: »Was will er eigentlich von mir?« oder »Warum ruft er mich an?« oder »Und wieso ist das jetzt so?« etc.

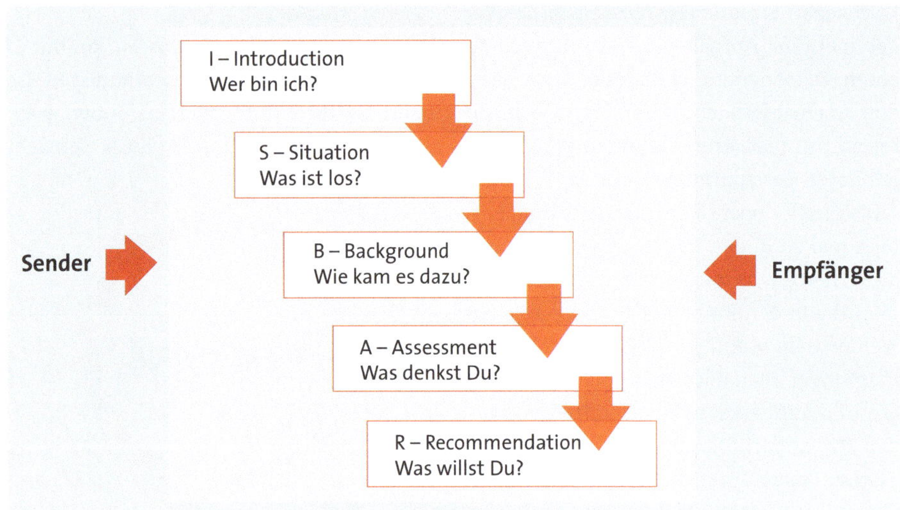

Abb. 14 ▶ ISBAR-Modell zur effektiven Kommunikation

ISBAR steht für

ISBAR – Kommunikationsregel für effektive Übermittlung von wichtigen Informationen im Team (entwickelt von Kaiser Permanente in den USA, empfohlen und Trainingsbestandteil in fast allen anglo-amerikanischen Ländern).

I	**Introduction** Vorstellung, Wer meldet?	»Wer bin ich (Sender)?« Name und Funktion/Position Beispiel RD: *Hier spricht Frank Müller vom 1/83-1, wir stehen Hauptstraße 9 in Schleswig.* Beispiel Leitstelle: *Leitstelle Nord, Jan Fischer hier, hallo Frank.*
S	**Situation** Wie ist die Situation?	»Was ist los?« oder »Warum möchte ich die Information übermitteln?« Beispiel RD: *Wir haben den angeblich »verwirrten Patienten« angetroffen, er ist aber hämodynamisch instabil.* Beispiel Leitstelle: *Hallo Frank, in Ordnung, der Patient ist also zusätzlich zu seiner Verwirrtheit noch kreislauf-instabil.*
B	**Background** Was ist der Hintergrund?	»Was geschah bisher (mit Relevanz für das aktuelle Geschehen)?« Beispiel RD: *Der Patient hatte wohl seit 2 Tagen eine leichte Pneumonie, die nicht besser wurde. Er wurde immer schwächer und wurde dann heute wohl verwirrt angetroffen.* Beispiel Leitstelle: *Der Patient hatte eine Pneumonie, die wurde nicht besser und er selbst immer schwächer. Was kann der Grund für diese Entwicklung sein, ist Näheres bekannt?*
A	**Assessment** Wie ist die Einschätzung des Senders?	»Wie schätze ich die Lage ein? Welche Probleme oder Risiken gibt es? Welche Zusatzinformationen/Begleitumstände sind zu bedenken?« Beispiel RD: *Nachdem der Patient einen Blutdruck von 80 zu 50 hat, eine Herzfrequenz von gut 120 und peripher ganz warm ist, gehen wir davon aus, dass er am ehesten septisch geworden ist.* Beispiel Leitstelle: *Das könnte so sein, der Patient hat eine Sepsis entwickelt und wird jetzt auch kreislauf-instabil.*
R	**Recommendation** Empfehlung oder Rat des Senders	»Warum rufe ich an, was will ich erreichen, was ist meine Empfehlung oder Frage?« Beispiel RD: *Wir benötigen daher einen Notarzt an der Einsatzstelle und bitten Dich zu prüfen, welche Intensivstation aufnahmebereit ist.* Beispiel Leitstelle: *Ihr benötigt einen Notarzt, ich alarmiere das nächststehende NEF, es wird in etwa 10 Minuten bei Euch sein. Ich kläre, welche ITS aufnehmen kann, und melde mich dann wieder telefonisch bei Dir.*

Kommunikations-Merksätze

- Sorge für Ruhe!
- Schreie nicht, solange nicht absolut notwendig!
- Rede laut genug und in Richtung der Empfänger!
- »Read back« – Wiederhole, was Du gehört hast!
- »Feed back« – Sage, was Du getan hast (auch wenn es nicht geklappt hat oder nicht gut ist)!
- »Get back« – Wenn jemand auf Deine Nachricht/Frage nicht reagiert, hat er es vielleicht nicht gehört oder war anders beschäftigt; hake nach, bestehe auf einer »Empfangsquittung«. Warte, bis der andere »empfangsbereit« ist!
- Wirf Anweisungen nicht in den Raum, sondern sprich einzelne Personen direkt an!
- Erst den Namen sagen, dann die Anweisung (Orientierungsreaktion ausnutzen). Mit einem Headset auf den Ohren kann man nichts hören!
- Höre auch den »leisen« Kollegen zu – gute Ideen müssen nicht laut sein!
- Stell Fragen, spätestens wenn Du nicht weiter weißt!
- Wichtige Anweisungen/Informationen verdienen eine sorgfältige Kommunikation darüber (so lästig dies sein mag – man selbst weiß es ja schon)!
- Begründungen erhöhen das Verständnis und die »Haftzeit«!

Kommunikation ist ein komplexes Geschehen und mit vielen Problemen, aber auch Potenzialen verbunden. Im nebenstehenden Kasten sind einige hilfreiche Merksätze genannt. Natürlich gelten diese nicht immer und nicht überall und sind daher manchmal vielleicht auch falsch. Sie dienen der Anregung und Diskussion.

Merke: Kommunikation ist sowohl für den Sender wie für den Empfänger einer Nachricht wichtig. Nur weil der Sender in der Hierarchie höher ist, muss ihn der Empfänger nicht unbedingt verstehen. Sprechen Sie Personen direkt an und bestätigen Sie, dass Sie etwas gehört und was Sie verstanden haben. So können Missverständnisse vermieden oder schnell aufgedeckt werden. Nie etwas annehmen und immer die Kommunikationsschleife schließen (»Close the Loop«)!

Abb. 15 ▶ Die Notrufabfrage – als Kernprozess der Leitstelle abhängig von der kommunikativen Kompetenz

8

»Beachte und nutze alle vorhandenen Informationen«

Beispiel:
Nach Zusammenlegung der einzelnen Leitstellen zu einer Regionalleitstelle agieren die Disponenten noch nicht so sicher in den »fremden« Versorgungsbereichen. Durch die Polizei wird gemeldet, dass eine Person in suizidaler Absicht auf einer Brücke steht. Näheres sei nicht bekannt. Der Schichtführer unterbricht die Arbeit im Leitstellenraum und fragt alle Teammitglieder, ob jemandem die Topografie vor Ort bekannt und wie hoch die Brücke wohl sei. Nach einem kurzen Austausch aller Informationen wird klar, es handelt sich um eine Fußgängerbrücke über eine Bahnlinie, die Anfahrt der Rettungsmittel ist nur eingeschränkt möglich und der Einsatz eines Hubschraubers zur Heranführung des Polizeipsychologen erscheint sinnvoll. Mithilfe der Internetrecherche in einschlägigen Programmen wird die vermutete Einsatzstelle als reales Abbild dargestellt. Die Einsatzkräfte werden noch auf der Anfahrt über Anfahrtswege und die Lage vor Ort umfassend informiert. Durch die Leitstelle wird, in enger Absprache mit der Polizei, ein geeigneter Bereitstellungsraum festgelegt.

Leitstellenarbeit ist komplex, weil sie die Integration von ganz unterschiedlichen Informationsquellen erforderlich macht. Außerdem liegen über die Lage vor Ort immer nur limitierte und meist indirekte Informationen vor. Unter diesen Bedingungen kann jedes kleine Bausteinchen helfen, die Lage an der Einsatzstelle besser zu verstehen, so die Entscheidungen richtig auszurichten und gleichzeitig kompetente und fachlich korrekte Unterstützung am Telefon zu realisieren. Vervollständigen Sie Ihr mentales Modell von der Lage an der Einsatzstelle, indem Sie alle verfügbaren Informationen integrieren und korrelieren. Versuchen Sie bewusst, Ihr mentales Modell mit neuen oder veränderten Informationen zu falsifizieren (nach Poppers Erkenntnistheorie der einzige Weg zur »Wahrheit«). Das Verifizieren macht unser Gehirn aus Bequemlichkeit von selbst und leider mit wechselndem Erfolg (siehe Fixierungsfehler). Wenn Sie ein »komisches« Gefühl haben, wenn Sie eine Situation eigentlich nicht oder anders erwartet hätten, seien Sie besonders sorgfältig. Oft haben solche »Bauchgefühle« von Profis einen Grund (den man nur gerade nicht nennen kann). Vorrangiges Ziel ist es immer, das Risiko eines Zwischenfalles möglichst niedrig zu halten.

Definition des Begriffs Risiko

Risiko ist das Produkt zwischen der Eintrittswahrscheinlichkeit eines Ereignisses und dem damit verbundenen Schadensausfall (Burghofer, Lackner 2012).

Ob es gelingt, eine kritische Situation in der Leitstelle erfolgreich zu bewältigen, hängt im Wesentlichen auch davon ab, ob es den beteiligten Leitstellendisponenten gelingt, ein gemeinsames, mentales Modell der Lage vor Ort zu entwickeln. Gerade immer größer werdende Leitstellenbereiche führen auch zu immer umfangreicheren Teams in der Leitstelle. Dies wiederum hat zur Folge, dass einlaufende Notrufe von ein und derselben Einsatzstelle nicht von einem einzelnen Disponenten angenommen werden, sondern

Fallbeispiel

In einer kleinen Wohnsiedlung brennt es in einem Holzhaus. Der Brand hat bereits die Dachhaut durchdrungen und breitet sich sehr schnell aus. Vor dem Haus, im Bereich der Eingangstür, liegt eine Person. Im hinteren Bereich des Hauses steht ein großer Baum, direkt daran grenzt das Nachbarhaus an. Drei Anrufer aus unterschiedlichen Perspektiven wählen den Notruf und melden den Gebäudebrand drei unterschiedlichen Disponenten. Der Anrufer hinter dem Haus sieht die gefährdete Person nicht, der Anrufer neben dem Haus sieht zwar die liegende Person, erkennt aber die Gefahr der Ausbreitung auf das Nachbarhaus nicht und nur der vor dem Haus stehende Anrufer erkennt tatsächlich beide Gefahren.

Abb. 16 ▶ Einsatzbeispiel »Geteilte Realität«, Wohnhausbrand

dass die Anrufe an unterschiedlichen Dispositionsplätzen auflaufen. Aber auch Disponenten haben unterschiedliche Wahrnehmungen der Realität an der Einsatzstelle.

Es existiert an der Einsatzstelle eine unveränderbare Realität, die wir jedoch nicht als Gesamtheit wahrnehmen können, da auch der Anrufer nur Ausschnitte daraus weitergeben wird. Diesen Ausschnitt wiederum beurteilen unterschiedliche Disponenten bei unterschiedlichen Anrufern abweichend voneinander.

Findet kein Austausch im Disponententeam statt, arbeitet jeder mit seiner »eigenen, kleinen Realität« den Einsatz ab. Werden die Wahrnehmungen aber kommuniziert, ergibt sich eine deutlich größere Schnittmenge der »geteilten Realität«, damit stehen zwangsläufig auch mehr Informationen zur Entscheidungsfindung zur Verfügung.

Merke: Bei der Lagebeurteilung und Entscheidungsfindung ist es wichtig, alle verfügbaren Informationen mit einzubeziehen. Oft werden einzelne Entscheidungsparameter, obwohl man sie kennen könnte, gar nicht berücksichtigt oder Aussagen des Anrufers werden nicht mit ins Modell eingebaut. Sie sollten alle verfügbaren Informationen miteinander korrelieren und in Ihr mentales Modell der Einsatzstelle einpassen. Dieses Modell muss mit den Disponenten, die am selben Einsatz arbeiten, regelmäßig abgeglichen werden. Dazu bietet sich wieder das 10-für-10-Prinzip an!

Abb. 17 ▶ Ständige Herausforderung: alle eingehenden Informationen integrieren und entsprechend entscheiden

9

»Verhindere und erkenne Fixierungsfehler«

Beispiel:
Viele Jahre Einsatzerfahrung und Leitstellentätigkeit haben dazu geführt, dass durch den Disponenten Einsätze ruhig und besonnen abgearbeitet werden. Auf der Rampe zu einem vielbefahrenen Tunnel im Versorgungsgebiet wird ein Unfall mit mehreren Lkw gemeldet. Der Disponent fragt den Notruf nur inkomplett ab, er geht davon aus, dass kein Gefahrgut beteiligt sein kann, da der Tunnel für Gefahrgutfahrzeuge wegen baulicher Gegebenheiten und einer Großbaustelle schon seit Wochen gesperrt ist. Er kommuniziert den Einsatz auch nicht im Leitstellenraum, die Lage ist für ihn völlig klar. Wenige Minuten nach der Alarmierung der Einsatzkräfte melden weitere Anrufer, die von anderen Disponenten abgefragt werden, dass aus einem Fahrzeug unbekannte Stoffe austreten und bereits mehrere Personen über starken Reizhusten klagen. Zeitgleich melden die anfahrenden Einsatzkräfte, dass sie vor einer Straßensperre stehen. Erst der Informationsaustausch im Team zeigt, dass nach Ende der Sanierungsarbeiten in der letzten Woche der Tunnel wieder für alle Transporte freigegeben und gleichzeitig die neue Anfahrt für Rettungsmittel in Betrieb genommen wurde. Die meisten Fahrzeuge können frühzeitig informiert und umgeleitet werden.

Wenn Ihr Modell nicht mit der Situation übereinstimmt, werden es Ihre darauf aufbauenden Handlungen auch nicht tun. Fixierungsfehler ergeben sich aus zunächst plausiblen, aber dennoch falschen mentalen Modellen von Situationen.

Mentale Modelle

Alle menschlichen Handlungen beruhen auf mentalen Modellen oder inneren Abbildern von Situationen (Dieckmann et al. 2005).

Man unterscheidet verschiedene Arten von Fixierungsfehlern (siehe folgende Seite). Ein Prinzip des Umgangs mit Fixierungsfehlern ist, sich einen neuen Blick auf die Situation zu ermöglichen. Möglichst, ohne sich von den vorherigen, fehlerträchtigen Annahmen beeinflussen zu lassen.

Versuchen Sie, eine zweite Meinung von einem Kollegen zu bekommen, der die aktuelle Lage bisher nicht kannte. Dabei ist es wichtig, diese Person nicht schon beim Fragen in den gleichen Fixierungsfehler zu ziehen (Fixierungsfehler sind hochgradig ansteckend). Fragen Sie offen, wie Ihr Kollege die Situation einschätzt, ohne ihm Ihre eigene Einschätzung mitzuteilen. Wechseln Sie bewusst die Perspektive – mental und körperlich. Suchen Sie besonders nach all denjenigen Informationen, die Ihren bisherigen Annahmen widersprechen. Menschen neigen dazu, nur Informationen zu akzeptieren, die unterstützen, was sie sowieso schon meinen zu wissen. Eine andere Möglichkeit: Versuchen Sie sich vorzustellen, wie ein von Ihnen fachlich geschätzter Kollege in dieser Situation vorgehen würde.

Merke: Fixierungsfehler betreffen Ihr mentales Modell der Lage an der Einsatzstelle und aller damit einhergehenden Parameter. Weil man immer froh ist, ein solches Modell gefunden zu haben, sind Fixierungsfehler schwierig zu erkennen und hartnäckig. Das Wissen um das Problem ist schon ein wichtiger Schritt zur Prävention (Gefahr erkannt, Gefahr gebannt). Schließen Sie immer die schwerwiegendste Entscheidung/das schwerwiegendste Beurteilungsergebnis aktiv aus. Versuchen Sie aktiv Ihre Annahme infrage zu stellen. Fordern Sie auch Ihr Umfeld dazu auf. Widersprechen ist nicht frech, sondern erhöht die Dispositionssicherheit.

Fixierungsfehler, Typen und Gegenmaßnahmen

Fixierungsfehler Typ 1: Das Kleben – »Dies und nur dies.«
Nur die erste wahrscheinliche Möglichkeit/Beurteilung wird in Betracht gezogen. Eine andere Möglichkeit wird nicht mehr in Betracht gezogen. Man hat seine Beurteilung abgeschlossen und bleibt dabei – verbeißt sich eventuell regelrecht – zieht andere mit hinein. Folgende Maßnahmen können diesem Mechanismus entgegenwirken:

- Denke daran: Es gibt Fixierungsfehler (»Human-Factor-Falle«)!
- Wiederholte, bewusste Re-Evaluierung des Beurteilungsergebnisses!
- Andere Kollegen einbinden (zweite Meinung einholen), aber ergebnisoffen!
- Die Überprüfung eigener Annahmen macht Spaß!

Fixierungsfehler Typ 2: Das Vermeiden – »Alles, nur dies nicht.«
Alles wird getan, um den aktuellen Einsatz so »hinzubiegen«, dass eine meist arbeitsintensivere und aufwendigere Entscheidung nicht getroffen werden muss. Man neigt dazu, das anzunehmen, was weniger Arbeit macht, bzw. sich negative Beurteilungsergebnisse schönzureden (»Kann nicht so schlimm sein, da ist noch nie was passiert.«)! Gegenstrategien sind:

- »Rule out worst case«!
- Was könnte es noch sein? Ausschließen, nicht »abtun«!
- Wahrscheinlichkeiten zählen für den Einzelfall nicht!
- Lieber noch eine Frage mehr stellen, als nachalarmieren zu müssen!
- Stelle die Frage nach der Atmung – auch wenn es eine Reanimation am Telefon wird!

Fixierungsfehler, Typen und Gegenmaßnahmen

Fixierungsfehler Typ 3: Das Abwarten – »Alles wird o. k.«

Man schaltet bei einem Zwischenfall nicht oder zu spät in den »Notfallmodus«, sondern fährt unter Routinebedingungen fort, Entscheidungen zu treffen, während sich der Zwischenfall immer weiterentwickelt. In diesem Fall hat man die Lage vor Ort korrekt eingeschätzt (Unterschied zu Typ 1 und 2), unterschätzt aber den dramatischen Verlauf und verliert so wertvolle Zeit. Man möchte kein »Aufsehen erregen« und denkt, man kriegt es schon noch hin, will es selbst nicht recht wahrhaben, dass man es jetzt mit einem Zwischenfall oder einem größeren taktischen Problem zu tun hat. Folgende Gegenmaßnahmen sind sinnvoll:

- Erkläre eine Lage zur Sonderlage, lieber früh als spät!
- Schalte bewusst in den »Notfallmodus« – sorge dafür, dass alle im Team mit umschalten und wissen warum!
- Wenn es dann doch nicht nötig war, kann man wieder in den »Routinemodus« umschalten!
- Es geht unter Umständen um Leben und Tod, wir sind kein Speditionsunternehmen!
- Es gibt weniger Ärger, wenn man früher Hilfe anfordert.

10

»Habe Zweifel und überprüfe genau (Double check), verifiziere Annahmen«

Beispiel:
Es herrscht in der Leitstelle ein ungewöhnlich hohes Einsatzaufkommen, alle fünf besetzten Betriebstische sind zu 100 % ausgelastet, selbst der Schichtführer muss Notrufe annehmen, um die Warteschleife nicht zu lang werden zu lassen. Zu einem Patienten nach Sturz von einem Baugerüst schlägt das Einsatzleitsystem einen Rettungswagen vor. Der Disponent übernimmt den Einsatzmittelvorschlag fast automatisch, ohne bewusste Reflexion des Notrufdialoges. Der eintreffende RTW fordert nahezu zeitgleich mit dem Status »4« einen Notarzt und Technische Rettung an. Der Patient ist zwar aus ca. 12 m Höhe gefallen, liegt aber auf einem etwa 6 m hohen Vordach und kann ohne eine Drehleiter nicht achsengerecht gerettet werden. Der Disponent ist verunsichert und prüft mithilfe der Kurzzeitdokumentation den Notruf. Exakt dies wurde auch bereits im Notruf gemeldet, der Disponent ist aber davon ausgegangen, dass jemand, der »runterfällt«, zwangsläufig auch »unten« liegen muss. Die hohe Belastung und eigene Bilder haben eine primär adäquate Einsatzmittelentscheidung verhindert. Nach Rettung mithilfe der auf dem Rettungskorb der Drehleiter angebrachten Krankentragenhalterung, fixiert auf einem Spineboard, wird der Patient mit dem RTH ins nächste Traumazentrum verbracht.

»Double check« oder auch »Cross check« meint das sichere, sorgfältige Überprüfen auf mehreren Kanälen von angenommenen, vermuteten oder in Wirklichkeit unsicheren, aber sicher geglaubten Informationen. Unser Erinnerungsvermögen spielt uns manchmal Streiche und versucht, Dinge passend zu machen, die vielleicht gar nicht passend waren oder sind. In stressreichen Situationen verstärkt sich deutlich unsere Tendenz, Informationen zu selektieren. Es stellt sich der sogenannte Tunnelblick ein, wir entwickeln plötzlich die Tendenz, auf vermeintlich Gutes und Bewährtes zurückzugreifen, ohne konsequent zu prüfen, ob der Lösungsansatz überhaupt situationsangemessen ist. »Was gestern funktionierte, wird heute auch das Problem lösen!«

Das erneute Prüfen von sicher geglaubten Informationen zeigt erstaunlich oft doch noch, dass es anders war, als wir dachten. Manchmal ist man der Meinung, etwas tatsächlich getan zu haben, was man nur gedacht hat. Oder man erinnert sich daran, dass man etwas gemacht hat, erinnert sich aber falsch, was es war. Wenn man technische Parameter verändert, Entscheidungen getroffenen und Einsatzmittel zugeordnet oder manuell einen Status gesetzt hat, immer einen zweiten Blick auf das »Ergebnis« werfen. Flüchtige Blicke auf das Monitorbild des Einsatzmittelvorschlags sind zu schnell für eine sichere Kontrolle, ob der Vorschlag wirklich korrekt ist. Auch die Korrelation von einzelnen Entscheidungen/Beurteilungsergebnissen kann helfen, Flüchtigkeitsfehler zu vermeiden.

Annahmen

Viele Fehler entstehen aufgrund von Annahmen. Annahmen, was an der Einsatzstelle los ist (oder eben nicht, oder anders), oder Annahmen, was Kollegen meinten oder wüssten. **Nie etwas annehmen! Annahmen zu verifizieren** (überprüfen durch nachfragen), erhöht die Sicherheit enorm!

Wir haben immer zwei Sekunden Zeit, um eine Annahme zu überprüfen!

Überprüfen Sie sich selbst und andere, lassen Sie sich gerne von anderen kontrollieren – das hat nichts mit Misstrauen zu tun, sondern mit professioneller Erhöhung der Entscheidungssicherheit. Es gibt in der Leitstelle immer noch zu viele Situationen, in denen ohne Netz und doppelten Boden gearbeitet wird.

Merke: Rechnen Sie immer mit Ihren eigenen Fehlern und den Fehlern anderer (Irren ist menschlich). Das sorgfältige Prüfen kann helfen, Fehler so rechtzeitig zu entdecken, dass sie noch keinen Schaden anrichten. Haben Sie Zweifel, verifizieren Sie sorgfältig. Gerade »erfahrene« Disponenten entscheiden zu häufig aus der Erfahrung heraus. Diese Erfahrung kann aber auf die aktuelle Situation nicht anwendbar sein. Daher auch Erfahrungen auf den Prüfstand stellen.

11

»Verwende Merkhilfen und schlage nach«

Beispiel:
Im Rahmen eines größeren Feuerwehreinsatzes in der Innenstadt werden plötzlich, nach einer Verpuffung im Keller des betroffenen Gebäudes, unbekannte Substanzen freigesetzt. Der Einsatzleiter meldet die Lageänderung sofort an die Leitstelle zurück. Der diensthabende Schichtführer alarmiert umgehend den Leitungsdienst der Leitstelle und teilt anhand der vorhandenen Checkliste für Sonderlagen den Betriebstischen einzelne Aufgaben zu. Unter anderem wird eine Datenbankrecherche in der Objektdatenbank durchgeführt, ob an der Einsatzstelle im betroffenen Gebäude gefährliche Stoffe und Güter gelagert werden. Parallel dazu werden die Gefahrstoffdatenbank aktiviert und weitere Informationen von der Einsatzstelle angefordert. Da zunächst auch von betroffenen Personen auszugehen ist, wird der Rettungsdienst verstärkt. Nachdem der Stoff durch die Feuerwehr identifiziert werden konnte, liefert die telefonisch kontaktierte Giftnotrufzentrale in Göttingen weitere wertvolle Informationen zur Toxizität und zu medizinisch notwendigen Vorsorgemaßnahmen.

Gedächtnisstützen aller Art sind eine in der Leitstelle zu wenig genutzte Ressource. Checklisten führen auch in der Medizin insgesamt ein unberechtigtes Schattendasein, weil wir oft überschätzen, was wir alles (nachts um 3.30 Uhr) im Kopf haben. Wenn es jedoch darum geht, dass bestimmte Handlungen in festgelegten Reihenfolgen durchgeführt werden müssen und dabei keine Auslassungsfehler passieren dürfen, stößt der Mensch an seine Grenzen, denn das kann er nicht gut. Auch Erfahrene werden immer mal wieder einzelne Elemente vergessen. Checklisten, wie sie in vielen anderen Industriezweigen, vor allem in der Luftfahrt, massiv eingesetzt werden, könnten auch in der Leitstelle helfen, wichtige Dinge zuverlässig nicht zu vergessen (dies gilt besonders für schwierige Bedingungen wie spät nachts oder bei Ablenkung, Müdigkeit oder anderweitig »vollem Kopf«). Aber auch das Nachschlagen von Zusammenhängen, vom Aufbau der verschiedenen Alarm- und Ausrückeordnungen, von den Einsatzmöglichkeiten und Einsatzgrenzen der angeschlossenen Einsatzmittel und Einsatzorganisationen, erhöht die Entscheidungssicherheit und Qualität der Leitstellenarbeit. Man muss nicht alles im Kopf haben und manchmal ist es dann auch noch falsch gespeichert oder wird falsch abgerufen. Eine besondere Form der Merkhilfen stellen standardisierte Abläufe dar. Der Notrufdialog als Kernprozess einer Leitstelle wird häufig noch »aus dem Bauch heraus« abgewickelt. Kein Pilot würde den Kernprozess »Landeanflug« ohne Standardisierung, d.h. ohne vorgegebene Checklisten und Verfahren, abwickeln.

Ebenso werden Sonderlagen, wie z.B. der Massenanfall von Verletzten, spontan bearbeitet, obwohl Checklisten und regelmäßiges Training die Abläufe standardisiert haben. Zu häufig wird hohe Sicherheit durch Spontanität und Kreativität ersetzt. Der Austausch im Team ist aber erst dann möglich, wenn nach harmonisierten Verfahren gearbeitet wird. Nur eine Leitstelle, in der individuelle Selbstständigkeit zugunsten einer für das gesamte Team verbindlichen Standardisierung aufgegeben wird, hat eine Chance, auf Zwischenfälle und Probleme adäquat reagieren zu können.

Durch die Anwendung von Checklisten und Standards sinkt auch die eigene Anspannung und der Stress.

Merke: Fühlen Sie sich nicht schlecht, wenn Sie etwas nachschlagen – selbst wenn Sie es vorher schon hätten wissen können, müssen oder sollen. Zuverlässigkeit hat mit Überprüfen zu tun. Schreiben Sie sich wichtige Dinge auf, prüfen Sie sich selbst. Versuchen Sie nicht, alles auswendig umzusetzen. Man hat sich schnell mal vertan. »Coole« Kollegen, die immer alles spontan wissen, täuschen sich manchmal ganz überzeugt und müssen dann wirklich »cool« bleiben. Seien Sie nicht »cool«, sondern gut. Arbeiten Sie nach Standards, diese sind in stressfreien Zeiten entwickelt worden und führen Sie sicher durch die Prozesse einer Leitstelle.

MED **Sturz aus Höhe**

Sind Sie jetzt direkt beim Patienten?
Reagiert der Patient normal?
Wie atmet der Patient? (schnell, langsam, Geräusche)
Wie sieht der Patient aus? (blass, gerötet, bläulich)
Schmerzen / Druckgefühl? (wo ➜ wie ➜ Skala, 1-10)
Sichtbare Verletzungen? (wo ➜ welche)

FAST

REA

Luftnotlage

- ✘ Luftfahrzeugtyp
- ✘ Gewicht des Flugzeuges
- ✘ Art den Notfalles
- ✘ Anzahl der Personen an Bord
- ✘ Landerichtung
- ✘ Voraussichtliche Landezeit
- ✘ Unfallort möglichst nach Planquadrat

Abb. 18 ▶ Standardisierte Notrufabfrage KRLS Nord

Checkliste Schichtführer

Aufgabe / Funktion:

Abschnittleiter „SONDERLAGE“

- Sonderlage festlegen und kommunizieren ☐
- FühGr Leitstelle / Leitungsdienst Leitstelle alarmieren ☐
- Leitungsdienste / OrgL RD aller GKS **alarmieren** (nur bei RD!) ☐
- Information DGL Polizei und Einfahrttor offen halten lassen ☐
- Verteilung der Betriebstische festlegen, grüne Lampe! ☐
- Nachbarleitstellen informieren lassen (lageabhängig) ☐
- Krankenhäuser verständigen lassen (lageabhängig) ☐
- Amtswehrführungsstellen einrichten lassen (lageabhängig) ☐
- Kennzeichnung „SONDERLAGE“ anlegen (weiße Weste) ☐
- Disponenten aus FühGr. einteilen (ELP 107-109) ☐
- Schichtführer aus FühGr. einteilen, Abschnittleiter ☐
- Info an alle Einsatzkräfte zur Erreichbarkeit der Leitstelle ☐
- Lagekartenführung mit Systembetreuer absprechen ☐
- Lagebesprechung etwa alle 30 Minuten organisieren ☐

Abb. 19: ▶ Checkliste für Sonderlagen KRLS Nord

Abb. 20 ▶ Auch in der Leitstelle ist der Einsatz von Algorithmen und Checklisten sinnvoll und möglich.

12

»Re-evaluiere die Situation immer wieder, wende das 10-für-10-Prinzip an«

Beispiel:
Zu einem schweren Verkehrsunfall auf der Bundesautobahn, bei dem auch Personen eingeklemmt sein sollen, laufen die Notrufe an allen fünf zurzeit besetzten Betriebstischen der Leitstelle ein. Die diensthabende Schichtführerin wird über die gelbe Blitzleuchte angefordert und erkennt sofort, dass es sich um eine größere Lage handeln muss. Sie unterbricht die Arbeit im Leitstellenraum mit einem »10-für-10« und bittet alle Disponenten, noch vor der Alarmierung, den Inhalt ihres Notrufes kurz wiederzugeben. Es stellt sich heraus, dass neben zwei Personenwagen auch noch ein Tanklastzug beteiligt ist. Die Alarmierung der Einsatzkräfte wird daher umfassend ausgelöst, das wahrscheinlich ersteintreffende Fahrzeug wird angehalten, sofort eine Rückmeldung zu geben. Nach der ersten Rückmeldung und Eintreffen des Leitungsdienstes der Leitstelle unterbricht die Schichtführerin erneut die Arbeit im Leitstellenraum und gleicht die Informationen der einzelnen Disponenten ab. Sie bewertet die Lage neu und korrigiert, aufgrund weiterer Rückmeldungen von der Einsatzstelle, das Einsatzstichwort nach oben. Weiterhin lässt sie die infrage kommenden Kliniken und benachbarten Leitstellen in Kenntnis setzen und fragt das Team, ob es noch Ideen hat.

Besonders die Leitstellenarbeit ist sehr dynamisch. Was jetzt gerade richtig war, ist in der nächsten Minute falsch oder nicht mehr das Wichtigste. Jede Information kann die Situation gänzlich verändern. Andere Parameter der Lagebeurteilung ändern sich vielleicht nur so langsam, dass ihre Änderung gar nicht klar wird (langsame Trends werden oft nicht bemerkt).

Scheuen Sie sich also nicht, einer dynamischen Situation mit dynamischen Entscheidungen zu folgen. Hängen Sie nicht an einmal getroffenen Entscheidungen. Das normalerweise positive »ich bleibe meiner Meinung treu« kann in dynamischen Situationen für die zu treffende Entscheidung, und damit entweder für die Einsatzkräfte oder den Notfallpatienten, fatal sein. Überlegen Sie immer wieder, ob alles noch gültig ist und ob Sie am Wichtigsten dran sind. Im Laufe einer Einsatzlage verschieben sich auch für die Leitstelle die zu lösenden Aufgaben, das Einsatzgeschehen ist in der Regel dynamisch, die Informationslage verändert sich kontinuierlich und Ihre Entscheidungen werden nur dann zur Lage passen, wenn Sie sich mit Ihrem Entscheidungsverhalten dieser Dynamik anpassen. Auch hierzu empfiehlt sich ein standardisiertes Vorgehen, wie es zum Beispiel auch bei den Feuerwehren im Rahmen des Führungsvorgangs üblich ist. Es gilt, Spontanität durch Professionalität zu ersetzen.

Alternativ zum etablierten und etwas umfangreicheren Führungskreis der Feuerweh-

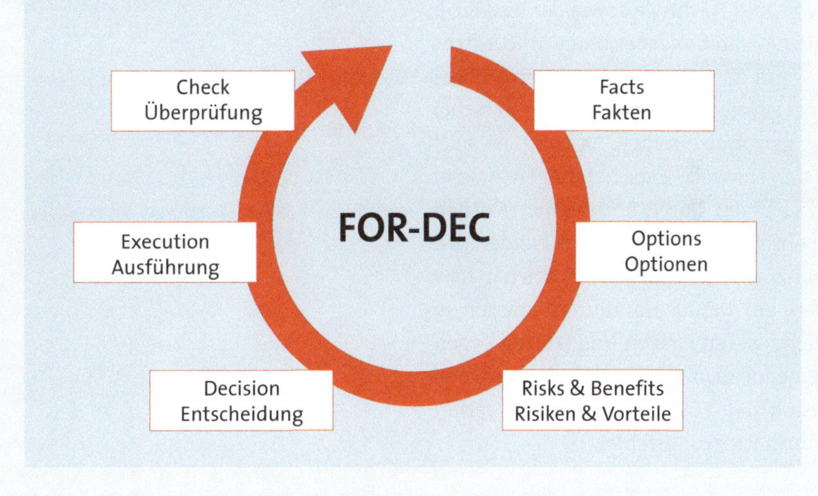

Abb. 21 ▶ Entscheidungsmodell »FOR-DEC«

ren hat sich im Bereich des Crew Resource Managements das »FOR-DEC-Modell« (Facts/Options/Risks & Benefits/Decision/Execution/Check) etabliert. Der Kreis symbolisiert vor allem, dass es sich nicht um einen einmaligen Ablauf handelt.

Die Fragestellungen sind kontinuierlich zu erneuern und die aus den Antworten resultierenden Ergebnisse, unter Abwägung der Vor- und Nachteile sowie der Risiken, in mögliche Handlungsoptionen umzusetzen. Erst wenn diese Optionen wieder gegeneinander geprüft wurden, sollte eine Entscheidung getroffen werden. Wichtig ist auch hier der Hinweis: Entscheidungen müssen auch nach der Durchführung der Maßnahme kontinuierlich kontrolliert werden. Das Ergebnis der Kontrolle liefert wieder neue Fakten, aus denen Handlungsoptionen resultieren, deren Risiken und Nutzen gegeneinander abzuwägen sind. Die konsequente Nutzung der FOR-DEC-Systematik verhindert auch Fixierungsfehler.

Fragestellungen FOR-DEC

Facts	Welche Situation liegt vor?
Options	Welche Handlungsoptionen bieten sich an?
Risks & Benefits	Welche Risiken und Vorteile sind mit den jeweiligen Handlungsoptionen verbunden?
Decision	Welche Handlungsoption wird gewählt?
Execution	Ausführung der gewählten Handlungsoption
Check	Führt der eingeschlagene Weg zum gewünschten Ziel?

Merke: Seien Sie sich der dynamischen Charakteristik Ihrer Tätigkeit in der Leitstelle bewusst. Ändern Sie Ihre Meinung oder Beurteilung der Lage vor Ort gerne und jederzeit. Fragen Sie sich immer wieder von Neuem: Was ist das Hauptproblem an der Einsatzstelle? Bleiben Sie an diesem dran. Wiederholen Sie diesen Check häufiger. Verhindern Sie so Fixierungsfehler. Fragen Sie Ihr Team.

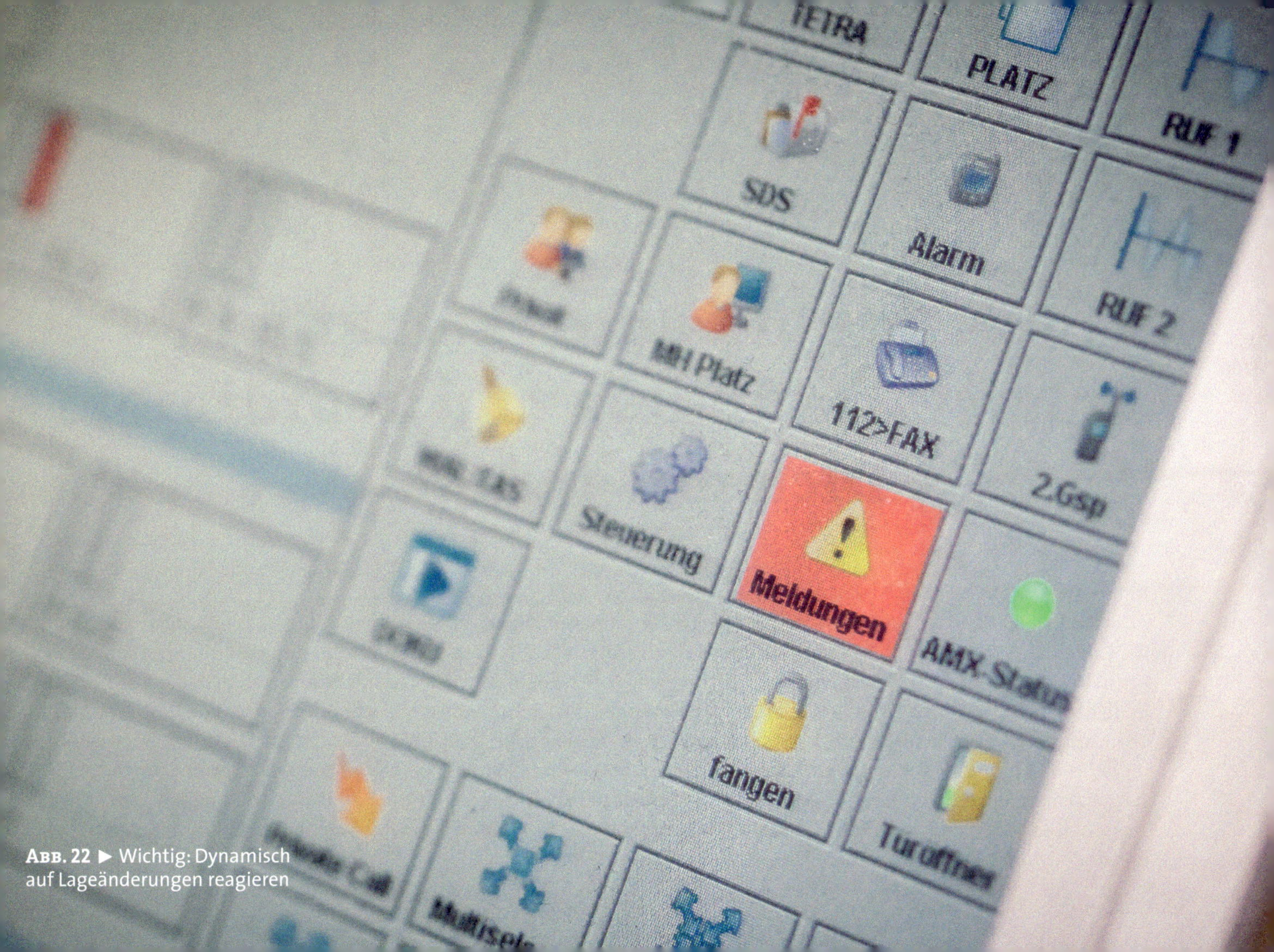

Abb. 22 ▶ Wichtig: Dynamisch auf Lageänderungen reagieren

13

»Achte auf gute Teamarbeit, unterstütze andere und koordiniere Dich mit anderen«

Beispiel:
Aufgrund vieler Personalwechsel in den vergangenen Monaten sind die Dienstpläne völlig durcheinander geraten. Als Folge daraus ist heute die Teamzusammensetzung ungünstig. Neben einem erfahrenen Disponenten arbeiten noch drei neue Kollegen und ein neuer Schichtführer im Leitstellenraum. Nach den ersten Einsätzen, die auch noch in dicht gedrängter Folge einlaufen, werden zunehmende Unsicherheit und ein erhöhtes Aggressionspotenzial im Team spürbar. Der Schichtführer ist mit anderen Dingen beschäftigt, überfordert mit der Entwicklung im Leitstellenraum und greift nicht ein. Daraufhin bittet der erfahrene und besonnene Kollege alle um Aufmerksamkeit und fragt nach, wo die Probleme liegen. Neben der aktuellen Überforderung durch die Einsatzsituation werden auch Unsicherheiten in den Zuständigkeiten genannt. Als Ergebnis daraus werden die Aufgaben neu verteilt und schon nach kurzer Zeit verbessert sich das Arbeitsklima im Leitstellenraum spürbar.

Nicht immer gelingt Teamwork gut – aber auf jeden Fall ist es eine anspruchsvolle Tätigkeit. Die Koordination eines Teams beginnt schon, bevor das Team zu arbeiten beginnt. Wenn alle Teammitglieder ihre Aufgaben kennen und wissen, welche Rolle sie im akuten Fall übernehmen sollen, ist die Koordination leichter. Kurze Besprechungen (Briefings) bei Dienstübernahme sind in der Luftfahrt etabliert und haben sich auch bei anderen High-Reliability-Organisationen bewährt. Die Zeit, die man dafür benötigt, wird später durch effektivere Arbeit meist mehr als aufgeholt. Während Zwischenfällen oder Zeiten hoher Belastung (Einsatzspitzen) herrscht oftmals sehr große Anspannung im Team. Daher sind Nachbesprechungen von kritischen Situationen (Debriefings) ideal geeignet, um zu sehen, was gut lief und was beim nächsten Mal anders gemacht werden soll. Teamführung und Teamplayer sind gleichermaßen wichtig. Oft denken die Teammitglieder, sie müssten nur warten und tun, was der Teamleiter sagt. Aber auch Teammitglied ist ein proaktiver Job. Tun Sie, was wichtig ist, agieren Sie flexibel, helfen Sie da, wo Sie gerade am meisten gebraucht werden. Wenn andere Fehler machen, gleichen Sie diese aus, vermeiden Sie Schaden. Es zählt der Erfolg des Teams und nicht, wer was besser konnte. Probleme sollten nach der Lage im Debriefing besprochen werden. Es sollte auch erwähnt werden, dass die Arbeit im Team Gefahren in sich birgt, die, nur wenn sie auch bekannt sind, vermieden werden können.

Gemeinsame Fehlüberzeugungen

Nicht alle Entscheidungen in einem Team sind besser, als wenn sie von einem einzelnen Disponenten getroffen werden. Insbesondere innerhalb von Teams, die schon lange in unveränderten Konstellationen zusammenarbeiten, besteht latent die Gefahr, dass sich im Laufe der Zeit gemeinsame Überzeugungen zu Verfahren oder Handlungsweisen etabliert haben, die nicht mehr kritisch hinterfragt werden. Alle Beteiligten arbeiten nahezu identisch und leiten daraus ab, dass das, »was wir leisten, also auch nicht so schlecht sein kann«. Zumal der letzte Beweis, dass eine Entscheidung gefährlich für Betroffene oder Einsatzkräfte war, in der Regel fehlen wird. Den gemeinsam etablierten Fehlüberzeugungen auf die Spur zu kommen, ist über regelmäßige Debriefings und Wechsel in den Teamzusammensetzungen möglich. Aber auch die Arbeit nach CRM-Leitsätzen verhindert in Stein gemeißelte Vorgehensweisen, die schon längst keinen Effekt mehr zeigen.

Unklare Verantwortlichkeiten

Neben dem formellen Teamleiter, im täglichen Dienstbetrieb der Leitstelle der Schicht- oder Lagedienstführer, existiert in den meisten Teams auch noch ein informeller Teamleiter. Jahrelange (meist unreflektierte) Leitstellenerfahrung, Dienstalter und lange gelebte Freundschaften im Team prädestinieren ihn, zumindest der eigenen Einschätzung folgend, geradezu als Verantwortungsträger. Es kommt dann unter Umständen zu Spannungen zwischen formeller und informeller Führung, die – im besten Fall – offen ausgetragen werden. Lösungen sind in eindeutigen Festlegungen seitens der Leitstellenleitung oder einem Verfahren, das den Konflikt offenlegt und offen anspricht, zu suchen. Wird der Konflikt nicht offengelegt, beeinflusst er die Arbeit im

Team negativ, und zwar unter Umständen für eine lange Zeit.

Gruppendruck (In-Group vs. Out-Group)
Selbst wenn der einzelne Disponent gerne die vorgeschriebenen Standards zur Notrufabfrage einsetzen würde, mag sein »Tischnachbar« da aber völlig anderer Meinung sein: »Kostet Zeit und bringt nichts!« Jetzt muss eine Entscheidung getroffen werden: Adaptiert unser engagierter Disponent diese Meinung, gehört er zum Team. Entscheidet er sich für die fachlich korrekte Variante, steht er schnell außerhalb. In diesem Fall entstehen unter Druck keine Diamanten, sondern es entwickeln sich Subkulturen, die eine sichere Arbeit verhindern. Es gehört zu den Führungsaufgaben des Schichtführers/Lagedienstführers, diese Strömungen zu erkennen und ihnen entgegenzuwirken, möglichst offen und ehrlich in Gesprächen mit dem gesamten Team. Hier ist es wichtig, im Debriefing und in anderen Gesprächen hinter die konkreten Handlungen zu sehen und zu versuchen, gemeinsam die Gründe herauszuarbeiten.

Teamplayer oder nicht?
Gerade die Zusammenlegung von Leitstellen hat dazu geführt, dass »Einzelkämpfer« aus ehemaligen »Ein-Mann-Leitstellen« sich plötzlich in Teams wiederfanden. Auf Teamarbeit wurden sie im Vorfeld nicht vorbereitet, es waren alle so mit der Datenmigration beschäftigt. Spätestens im täglichen Betrieb der neuen Regionalleitstelle zeigt sich, dass Teamarbeit bisher schlichtweg nicht gebraucht oder erlernt wurde. Notrufdialoge und Einsätze werden ohne Austausch mit den Kollegen abgewickelt, Probleme werden nicht offengelegt, sondern entsprechend den etablierten Verhaltensmustern eines »Ein-Mann-Betriebes« versucht zu lösen. Das wird nicht funktionieren, da nicht nur das Team größer, sondern auch die Umwelt komplexer geworden ist. Es gehört zu den Führungsaufgaben, jeden einzelnen Disponenten zu integrieren und in das Team einzubinden. Vor allem müssen Ängste besiegt werden, es darf sich keine »Culture of Blame« (gegenseitige Schuldzuweisungen) etablieren!

Merke: Ein gutes Team zu sein, bedeutet Arbeit (»Dream teams are made, not born!«). Die Teammitglieder sollten sich gegenseitig in ihren Stärken und Schwächen respektieren. Arbeiten Sie Hand in Hand zusammen und nicht erst auf Anforderung. Wenn jeder den anderen unterstützt und Schwächen ausgleicht, auf Fehlern nicht herumgehackt wird und man immer besser wird, kann Teamwork wunderbar sein. Und für die Arbeit in der Leitstelle bedeutet es maximale Sicherheit und Kompetenz, weil jeder auf jeden aufpasst. Und es macht Spaß, in diesem Team zu arbeiten!

Abb. 23 ▶
Problemlösung im Team, auch in der Leitstelle

14

»Lenke Deine Aufmerksamkeit bewusst« (Situation Awareness)

Beispiel:
Neben einem erhöhten Einsatzaufkommen ist heute auch ein erhöhtes Besucheraufkommen in der Leitstelle zu verzeichnen. Es ist nicht nur eine unglaubliche Menge an Krankentransporten zu koordinieren, parallel dazu müssen noch zwei größere Feuerwehreinsätze und ein schwerer Verkehrsunfall, zu dem auch ein Rettungshubschrauber im Anflug ist, bearbeitet werden. Dem Disponenten fällt es schwer, sich auf die Einsatzsituation zu konzentrieren, da immer wieder halblaute Gespräche der Besucher hinter seinem Rücken die Aufmerksamkeit stören. Dies hat schon dazu geführt, dass dem im Landeanflug befindlichen RTH kein Hinweis auf Anflughindernisse gegeben wurde. Er schaltet seinen Schichtführer ein, teilt ihm das Problem mit und bittet darum, dieser möge wieder Ruhe im Leitstellenraum herstellen.

Da die Aufmerksamkeit beschränkt und Menschen ganz schlecht im Multitasking sind, müssen Sie Ihre Aufmerksamkeit bewusst und wohlüberlegt lenken. Zwei Prinzipien sind dabei hilfreich.

Zunächst ist es gut, sich feste Rhythmen zu etablieren, in denen Sie Ihre Aufmerksamkeit auf bestimmte Aspekte einer Einsatzlage lenken. So können Sie wahrscheinlicher verhindern, dass Sie wichtige Schritte bei einer Handlung vergessen.

Das zweite Prinzip betont einen bewussten Wechsel zwischen der Fokussierung auf Details und dem Gewinnen eines Überblicks über die Gesamtlage an der Einsatzstelle. Wenn Sie sich auf ein bestimmtes Detail haben fokussieren müssen, verschaffen Sie sich danach wieder einen Überblick über die Gesamtsituation. Außerdem sollten Sie beachten, dass Sie zwei anspruchsvolle Dinge nicht gleichzeitig gut ausführen können. Sie können nicht eine anspruchsvolle Notrufabfrage durchführen und nebenbei komplexe Einsatzmittelentscheidungen treffen. Leider führt so etwas oft sogar bei beiden Aufgaben zu Defiziten.

Beachten Sie die Human Factors – nutzen Sie sie aktiv. Größere Einsatzlagen haben zwangsläufig zur Folge, dass jeder Disponent mit Details der Lage beschäftigt ist, keiner hat mehr den gesamten Überblick. Die Gefahr, sich in Details zu verlieren, lauert ständig im Raum. Auch der Schichtführer, der eigentlich frei von Dispositionstätigkeiten sein sollte, muss eingreifen und aktiv disponieren. Damit geht die letzte Möglichkeit verloren, doch noch den Gesamtblick zu realisieren.

Gerade für diese Situationen sind die CRM-Leitsätze geschaffen worden. Der von außen dazu kommende Leitungsdienst der Leitstelle tut gut daran, zunächst eine 10-für-10-Sequenz einzulegen. Was ist das Wichtige, was beeinflusst die Lage nachhaltig, vor allem die Entwicklung der Lage? Wer hat welche Maßnahmen durchgeführt und plant, was als Nächstes zu tun? Wer sieht wo Probleme? So haben alle die Möglichkeit, ihre Aufmerksamkeit wieder auf das Wesentliche zu lenken.

Merke: Sie können sich nicht auf zwei Dinge gleichzeitig konzentrieren. Konzentrieren Sie sich auf das Wichtigste. Bitten Sie andere, den Überblick zu behalten, wenn Sie sich auf Details konzentrieren müssen. Arbeiten Sie, wenn gar nicht anders möglich, abwechselnd an Problemen, nicht gleichzeitig. Benutzen Sie Ihre Aufmerksamkeit bewusst, um zu entscheiden, was Sie tun und was Sie lassen (»Situation Awareness«).

15

»Setze Prioritäten dynamisch«

Beispiel:
Die Leitstelle arbeitet seit einiger Zeit mit den Vorgaben der standardisierten Notrufabfrage, die auch von den Disponenten konsequent umgesetzt werden. Eine aufgeregte Anruferin möchte schnell einen Notarzt für ihren Ehemann. Ihren Angaben zufolge ist dieser ohnmächtig zusammengebrochen und liegt jetzt auf dem Boden. Er reagiert nicht, wenn sie ihn anspricht. Seine Atmung sei aber vorhanden. Der Disponent bittet die Frau, am Telefon zu bleiben, alarmiert den Rettungsdienst mit dem Hinweis »Bewusstlose Person« und weist die Ehefrau dann an, ihren Mann auf die Seite zu drehen. Abschließend fragt er nochmals die Vitalparameter ab. Die Ehefrau kann bei unveränderter Bewusstseinslage plötzlich keine Atmung mehr feststellen. Über die gelbe Blitzleuchte fordert der Disponent Unterstützung an und bittet die Ehefrau, nach nochmaliger Kontrolle der Atmung, ihren Ehemann auf den Rücken zu drehen. Er wechselt das Protokoll und leitet die Frau zur Reanimation an.

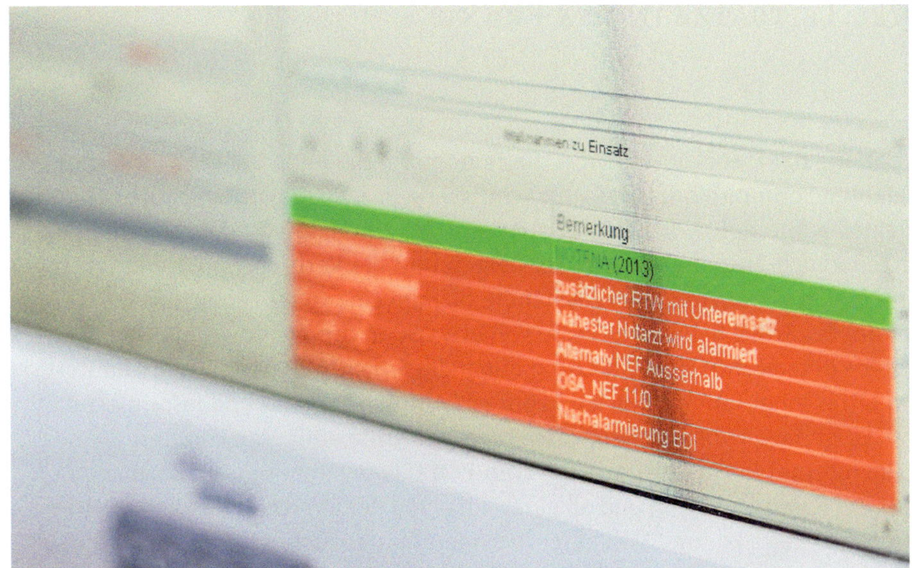

Abb. 24 ▶ Nachalarmierung: Ergebnis einer veränderten Prioritätensetzung

Dynamische Situationen erfordern dynamisches Vorgehen. Kleben Sie nicht an Entscheidungen, die Sie getroffen haben (Fixierungsfehler). Sie waren ja oftmals auf unsicheren oder unvollständigen Informationen gegründet. Treffen Sie absichtlich nur vorläufige Entscheidungen. Eine Lösung für ein bestimmtes (Teil-)Problem zu haben, bedeutet nicht, dass es nicht noch eine bessere Lösung geben könnte – es bedeutet auch nicht, überhaupt schon alle Probleme zu kennen. So haben zum Beispiel die Vitalfunktionen des Notfallpatienten immer Vorrang. Diese sollten nie vernachlässigt werden, schon gar nicht auf Kosten weiterer Detailfragen, die dem Notfallpatienten zu diesem Zeitpunkt überhaupt nicht helfen. Im Zweifel muss auf der Basis einer dünnen Informationsdecke alarmiert werden. Auch hier muss man dynamisch vorgehen: Wenn gerade noch der Kreislauf im Vordergrund stand und der Patient dann ateminsuffizient wird, müssen Dialog und Rettungsmittel unter Umständen angepasst werden.

Merke: In dynamischen Arbeitsumgebungen, wie z.B. einer Leitstelle, muss man die Prioritäten ständig anpassen. Wenn außerdem, wie in der Leitstelle häufig, die Informationen, die man hat, unvollständig oder indirekt sind, kann auch das Auftauchen neuer oder besserer Informationen ein Umschwenken nötig machen. Wenn man die Prioritäten bewusst dynamisch setzt und dies dem Team so vermittelt, macht es auch Spaß. Man hat ja bewusst dieses Berufsfeld gewählt.

Abschliessendes Fallbeispiel: Leitsätze in der Praxis

Harrislee, Deutschland

Januar 2013, nahezu leere Jachthäfen entlang der Flensburger Förde, die Temperaturen liegen bei ca. 2 °C. Auf der Förde herrscht, im Gegensatz zu den belebten Sommermonaten, kaum Schiffsverkehr. Um 13.34 Uhr erreicht einen Disponenten der Leitstelle der Notruf eines aufgeregten Wintertouristen. Auf der Förde, in ungefährer Höhe des Jachthafens Langballig, sehe er schwarzen Rauch aus einem Schiff aufsteigen und die Rettungsboote würden zu Wasser gelassen. Das Schiff treibe quer und führerlos in der Förde, es handle sich um ein großes Fährschiff. Auf weitere Fragen des Disponenten hin gibt er an, das Schiff habe eine Größe von etwa 50 m Länge und sei blau-weiß lackiert. Der Disponent fordert über die gelbe Blitzleuchte Unterstützung durch die Schichtführerin an und erläutert ihr den Sachverhalt. Die Schichtführerin bittet im gesamten Betriebsraum um Aufmerksamkeit und informiert die anderen drei Disponenten über die Lage. Es ist davon auszugehen, dass weitere Notrufe einlaufen könnten. Sie beauftragt einen der Disponenten damit, im Internet in einem speziellen Web-Portal (www.marinetraffic.com) zu recherchieren, welche Schiffe sich zurzeit in der Förde aufhalten und ob eines aufgrund der übertragenen Kennung im Abgleich mit der Beschreibung des Anrufers infrage kommt. Von einer Alarmierung der zuständigen Einsatzkräfte nimmt sie zunächst Abstand, da noch nicht alle Informationen für eine sichere Einsatzentscheidung vorliegen. Parallel zur Internetrecherche setzt sie sich mit der Polizei und der Leitstelle der DGzRS in Bremen in Verbindung. Beide haben keine Kenntnis von einer Schiffshavarie. Schließlich kommt der Gedanke im Team auf, dass die Farbe den Rückschluss auf ein Schiff der Flensburger Schiffbau-Gesellschaft zulässt. Hier erfährt sie, dass aktuell ein Schiffsneubau (RoRo Fähre, Länge 209 m, Farbe blau-weiß) zu einer Erprobungsfahrt auf der Förde unterwegs sei. Zu dieser Erprobung gehört auch die Simulation einer »Notbremsung«. Sie lässt die Arbeit im Betriebsraum nochmals unterbrechen und informiert das Team über den aktuellen Sachverhalt. Von der Werft erhält sie die Rufnummer der Brücke des auf Erprobungsfahrt befindlichen Schiffes. Der mit der Internetrecherche beauftragte Disponent meldet zurück, es kämen sonst keine Wasserfahrzeuge infrage, keine der übertragenen Kennungen passt zur im Notruf ge-

schätzten Schiffsgröße. Die Schichtführerin setzt sich daraufhin telefonisch mit der Werft in Verbindung. Dort wird ihr bestätigt, dass das Schiff sich tatsächlich Höhe Langballig befindet und vor etwa 5 Minuten die Maschinen von »Volle Fahrt voraus« auf »Volle Fahrt zurück« geschaltet hat. Damit einher gehen sowohl die starke Rauchentwicklung als auch das planmäßige Zuwasserlassen der Rettungsboote. Es handelte sich also um eine geplante Übung, die keinerlei Rettungskräfte erforderte.

Das Fallbeispiel, dessen realer Ablauf hier eins zu eins wiedergegeben ist, spannt den Bogen zwischen den theoretischen Betrachtungen bzw. Erläuterungen der hinter dem Crew Resource Management stehenden Philosophie und den 15 Leitsätzen einerseits sowie der täglichen Einsatzrealität andererseits. Das Fallbeispiel soll dem Leser die praktische Umsetzung näherbringen, es soll ihn motivieren, CRM zu leben und aus diesem Leitfaden die Erkenntnis abzuleiten, dass die praktische Anwendung der CRM-Leitsätze in der täglichen Leitstellenarbeit tatsächlich hilft, die Einsatzabwicklung zu verbessern. Eine Verbesserung kann es auch sein, wenn Fehleinsätze – wie in unserem Fallbeispiel – erfolgreich vermieden werden.

Lassen Sie uns abschließend das Fallbeispiel auf seinen »CRM-Gehalt« hin prüfen:

Der annehmende Disponent fordert über die gelbe Blitzleuchte frühzeitig Hilfe an (Leitsatz 3) und bindet die Schichtführerin in die Entscheidungsfindung ein. Diese setzt ein 10-für-10-Manöver ein, informiert das gesamte Team (Leitsatz 12) und verteilt ohne Zeitverzug die Arbeitsbelastung (Leitsatz 5) auf die Disponenten. Sie plant voraus (Leitsatz 2) und überprüft die vorliegenden Informationen (Leitsatz 10), da sie Zweifel an der gemeldeten Lage hat. Das Team bringt sich in die Erkundung aktiv ein (Leitsatz 13) und entwickelt einen neuen Denkansatz. Die Schichtführerin prüft wiederum alle Informationen (Leitsatz 8) und bindet das Team ein. Abschließend prüft sie die Informationen und Auskünfte der Werft (Leitsatz 10), indem sie den »Schiffsneubau« telefonisch kontaktiert und zur gemeldeten Lage befragt. Das Ergebnis des Telefonats führt dazu, dass ein groß angelegter (Fehl-)Einsatz der Feuerwehr, der DLRG und der DGzRS verhindert wird.

Ganz sicher haben Sie ähnliche Einsätze schon aus Leitstellensicht erlebt. Nehmen Sie sich ein wenig Zeit und analysieren Sie diese Fälle doch einmal unter den Gesichtspunkten der 15 Leitsätze des Crew Resource Managements, die Sie auf der Seite 13 dieser Fibel finden. Was hat sehr gut funktioniert? Welche Leitsätze erkennen Sie in der damaligen Vorgehensweise, welche Leitsätze würden Sie heute zu welchem Zeitpunkt anwenden? Viel Erfolg dabei!

CRM-Training in der Leitstelle – Realistische Simulationen als guter Weg

Neben der Luftfahrt nutzt vor allem die Akutmedizin das Training mit Simulatoren als höchst effektives Mittel zur Optimierung der Patientensicherheit. Damit lassen sich aber auch die CRM-Inhalte trainieren. Die geschulte Anwendung von modernen Patientensimulatoren wurde in ausgereifte, pädagogisch hochwertige und lernzielorientierte Curricula integriert, um nachhaltiges Lernen optimal zu unterstützen. So bietet simulationsbasiertes Training die Möglichkeit, realistisch, sicher und reproduzierbar ein weites Spektrum klinischer Situationen zu inszenieren, um gezielt medizinische Handlungen und Abläufe zu verbessern.

Zahlreiche Leitstellen im deutschsprachigen Raum führen bereits regelmäßige CRM-Seminare und CRM-basierte Simulationstrainings mit großem Erfolg durch. CRM-Leitsätze hängen in vielen Leitstellen als Merkhilfe aus.

Um erfolgreich zu sein, sind für Simulationen gewisse Rahmenbedingungen und Voraussetzungen unbedingt zu beachten.

Rahmenbedingungen für CRM-basierte Simulationstrainings

- Das Setting im Training muss dem des täglichen Arbeitsumfeldes entsprechen.
- Jeder Teilnehmer übernimmt nur die Position, die er auch in der täglichen Arbeit verkörpert.
- Die Trainingsszenarien müssen realitätsnah sowie relevant sein und im vertrauten Datenumfeld stattfinden.
- Zur Auswertung müssen Bild und Sprache möglichst aller Kanäle aufgezeichnet werden.
- Die Auswertung erfolgt nach definierten Regeln im gesamten Trainingsteam (Debriefing).
- Ziel des Trainings ist nicht Leistungskontrolle, sondern Lernen im Team.
- Im Debriefing liegt der Schwerpunkt auf der Analyse der Human Factors und der Anwendung von CRM.
- Das Training wird durch qualifizierte Trainer durchgeführt.
- Die Qualifikation (CRM und Debriefing) der Trainer (Instruktoren) ist entscheidend für den Erfolg des Trainings.

Während in der Medizin die Aufzeichnung der nachträglich zu besprechenden Parameter vergleichsweise übersichtlich ist, wird diese in einer Leitstelle deutlich komplexer. Neben dem gesprochenen Wort im Raum der Trainingsleitstelle und dem Videobild der agierenden Disponenten, müssen alle Funkkanäle, alle Telefonkanäle und alle relevanten Monitorbilder, mindestens die Annahmemaske und der Statusbildschirm, mit den dazugehörigen Zeitschienen aufgezeichnet werden. Im Rahmen der Auswertung ist es unabdingbar, die Informationsmenge über einen Zeitstrahl zu harmonisieren, um die gleichzeitige und vergleichende Auswertung aller Eingangssignale zu ermöglichen. Nur so lassen sich auch Abhängigkeiten erkennen, welche die Entscheidungen beeinflusst haben.

Viele Simulationstrainings haben gezeigt, dass auch im Bereich der Leitstelle CRM-Training sehr effizient möglich ist. Um das CRM-Training durchzuführen, bedarf es keiner kostenintensiven Lehrleitstelle. Mit wenigen Mitteln kann eine Videoanlage nachgerüstet werden, die Audioaufzeichnung stellen Grenzflächenmikrofone an jedem Betriebstisch sicher, auch wenn sich die Disponenten im Raum bewegen. Alternativ sind Ansteckmikrofone und ein Sender-/Empfängerbetrieb möglich. Die Zusammenmischung aller Kanäle erfolgt über ein passives Audiomischpult mit mindestens sechs Eingangskanälen und mehreren Ausgängen, die den Eingangssignalen frei zuordenbar sein müssen. Zum Training selbst werden zuvor erstellte Szenarien benötigt, die die Einsatzlage, die dynamische Einsatzentwicklung und alle Rahmenbedingungen sowie das Trainingsziel fixieren (siehe Anhang). Die Lage muss aus einem gesonderten Raum eingespielt werden, hierzu müssen auch in diesem Raum die Videobilder und die Audiosignale zur Verfügung stehen. Der anwesende Trainer übernimmt die Regie und notiert gleichzeitig die Ereignisse für die Nachbesprechung in Verbindung mit der im Monitorbild eingeblendeten Uhrzeit. Da jede Trainingssequenz etwa 20 Minuten dauert, können einzelne Szenen gezielt gesucht und ausgewertet werden.

Abb. 25 ▶ Video- und Audioanlage Leitstelle, KRLS Nord

Abb. 26 ▶ Einspielraum, KRLS Nord

Die Auswertung des Trainings erfolgt dann gemeinsam, unter fachkundiger Anleitung eines qualifizierten CRM-Trainers, im Team anhand folgender Regeln (Rall 2010):

Regeln zur Auswertung von CRM-Trainings
(nach Rall, Dieckmann 2005, aus dem Grundkurs für CRM-Instruktoren InFacT)

- Jeder macht, kann und darf »Fehler« machen!
- Keine »Fehler« – kein Training!
- Im Zentrum steht das CRM!
- Leistung im Simulator ist nicht vergleichbar mit der Realität!
- Selbsterkenntnis wird angestrebt!
- Lernen steht im Vordergrund, nicht Leistungserfassung!
- Alle Informationen sind vertraulich!

Debriefing

Die Simulation hat sich in den letzten Jahren als eine äußerst wirksame Methode herauskristallisiert, auch in Leitstellen die »Menschlichen Faktoren« hoch wirksam und nachhaltig positiv zu beeinflussen. Besonders relevant für eine effektive Simulation ist das Debriefing. Ein professionell durchgeführtes Debriefing sowie die damit einhergehende kritische Reflexion durchgeführter Handlungen führt zu einem effektiven und dauerhaften Lernerfolg (Issenberg et al. 2005). Das Debriefing soll die mentalen Modelle der Teilnehmer, die einer Entscheidung zugrunde lagen, transparent machen und unter Umständen durch neue Erkenntnisse modifizieren. Qualifizierte Debriefingmethoden arbeiten mit den Teilnehmern, sie setzen voraus, dass der Profi Gründe hatte für sein Handeln, nicht bewusst falsch, aber vielleicht auch nicht bewusst richtig gehandelt hat. Die Methoden sollten in geeigneten Kursen erlernt und trainiert werden. Nur qualifizierte CRM-Simulationstrainer sichern den Erfolg einer Simulation (vgl. Hackstein 2016, S. 177, Gaupp 2016, S. 135).

Abb. 27 ▶ Auswertung im Team

Schlusswort

Menschen machen Fehler, immer und auch, wenn es besonders wichtig ist, keine zu machen. Andererseits sind Menschen, vor allem in gut eingeübten Teams, enorm leistungsfähig. Es gilt, auch in Leitstellen die Erkenntnisse der Human-Factors-Forschung für die Sicherheit einzusetzen. Dazu zählt klar das CRM-Konzept. Es leitet aus den Ursachen menschlicher Fehler verschiedene sich überlappende Techniken zur Fehlervermeidung und Fehlererkennung ab. Wenn ganze Teams CRM konsequent im Alltag anwenden, lassen sich nachweislich viele Fehler vermeiden und andere Fehler erkennen, bevor etwas passiert. Aber auch bei Zwischenfällen bietet CRM eine erhöhte Handlungssicherheit für die Teams und damit für die betreuten Einsatzkräfte und Patienten. CRM kann erlernt werden wie viele andere Fähigkeiten auch. 1- bis 2-tägige CRM-Seminare sollten für alle Leitstellenmitarbeiter angeboten und regelmäßig wiederholt werden. CRM sollte in die Grundausbildung bei Leitstellendisponenten integriert werden, wie es für Notfallsanitäter bereits der Fall ist. Realitätsnahe Simulationen eignen sich dafür besonders, weil dabei sowohl der Bedarf als auch mögliche Präventionsmaßnahmen klar werden und im Debriefing sogar videogestützt besprochen werden können.

Fehler zu machen, ist menschlich und normal, nichts dagegen zu tun, ist aber unmenschlich. Fangen wir also heute an, ein CRM-Programm aufzustellen und CRM-basierte Simulations-Teamtrainings in den Leitstellen zu planen. Für unsere Teams, unsere Einsatzkräfte und die Menschen in Not, die auf uns vertrauen.

Marcus Rall
Peter Dieckmann
Achim Hackstein

Quellenverzeichnis

Aktionsbündnis Patientensicherheit e.V. (2007) Agenda Patientensicherheit 2007. http://www.aktionsbuendnis-patientensicherheit.de/apsside/Agenda_2007_mit_Titelblatt.pdf (Abruf 20. Januar 2013).

Aviation Savety Network (1996–2013) Foundation Flight Savety. http://aviation-safety.net (Abruf 13. November 2019).

Bundesministerium für Bildung und Forschung (BMBF) (2013) Sicherheitskultur im Wandel. http://www.sicherheitskultur.org (Abruf 13. November 2019).

Burghofer K, Lackner CK (2012) Risikomanagement und Human Factor in der Akutmedizin. Notfall & Rettungsmedizin 15: 9–15.

Choi WJ, Yeh ECC, Tu KN (2003) Mean-time-to-failure study of flip chip solder joints on Cu/Ni(V)/Al thin-film under-bump-metallization. Journal of Applied Physics 94: 5665–5669.

Deutsches Institut für Normung (2005) Qualitätsmanagementsysteme – Grundlagen und Begriffe (ISO 9000:2005). ftp://trabant.tr.fh-hannover.de/Schwarzes_Brett/Schluenz/BA-TR/QM/Normen%20nur%20fuer%20die%20LV/DIN_EN_ISO_9000_2005.pdf (Abruf 20. Januar 2020).

Dieckmann P et al. (2005) Prospektive Simulation: Ein Konzept zur methodischen Ergänzung von medizinischen Simulatorsettings. Z. für Arbeitswissenschaft (2/2005): 172–180.

Draycott T et al. (2006). Does training in obstetric emergencies improve neonatal outcome? Int. J. Obstetrics Gynecology 113: 177–82.

Gaupp R (2016) Welche Effekte lassen sich nachweisen? In: Hackkstein A, Sudowe H (Hrsg.) Handbuch Simulation. Edewecht, Stumpf + Kossendey, S. 135 – 137.

Hackstein A (2016) Systemische Ansätze beim Debriefing. In: Hackkstein A, Sudowe H (Hrsg.) Handbuch Simulation. Edewecht, Stumpf + Kossendey, S. 176 – 179.

Helmreich R (2000) On error management: lessons from aviation. British Medical Journal 320: 781–785.

Issenberg SB, McGaghie WC, Petrusa ER et al. (2005) Features and uses of high-fidelity medical simulations that lead to effective learning: A BEME systematic review. Med Teach 27 (1): 10–28.

Kohn LT, Corrigan JM, Donaldson MS (1999) To err is human: Building a safer health system. Washington, DC, National Academy Press.

Kahnemann D (2002) Ingenieurpsychologie, HU Berlin. http://macs2.psychologie.hu-berlin.de/aio/index.php/mensch-in-aktion/aufmerksamkeit/theorien/156-das-kapazitaetenmodell (Abruf 20. Januar 2013).

Neily J et al. (2010) Association between implementation of a medical team training program and surgical mortality. JAMA 304: 1693–1700.

Rall M (2010) Notfallsimulation für die Praxis. Notfallmedizin up2date, S. 1–24.

Rall M, Dieckmann P (2005) Prävention und Management von kritischen Ereignissen durch Crisis Resource Management (CRM). Minimal Invasive Chirurgie 14: 31–38.

Rall M, Gaba DM (2009) Human performance and patient safety. In: Miller RD (Hrsg.) Miller's Anesthesia. Philadelphia, PA, Elsevier, Churchhill Livingstone, S. 93–150.

Rall M, Glavin R, Flin R (2008) The ›10-seconds-for-10-minutes principle‹ – Why things go wrong and stopping them getting worse. Bulletin of The Royal College of Anaesthetists – Special human factors issue: 2614–2616.

Reason J (1990) Human error. Cambridge: Cambridge University Press.

Richter A (1998) Das Kapazitätenmodell. www.nti-craintal.de (Abruf 7. Februar 2020).

Thomas P, Luneschnig A (2018) Team Resource Management. In: Knacke PG et al. (Hrsg.) Das Trauma-Buch. Präklinische Versorgung verletzter Edewecht, Stumpf + Kossendey, S. 367–387.

Weiterführende Literatur

Gaba DM (1989) Human error in anesthetic mishaps. International Anesthesiology Clinics 27: 137–147.

Gaba DM, Fish KJ, Howard SK (1998) Zwischenfälle in der Anästhesie: Prävention und Management. Übers., aktual., kommentiert v. Marcus Rall. Lübeck u. a., Fischer.

Hackstein A, Sudowe H (Hrsg.) (2017) Handbuch Leitstelle. Strukturen – Prozesse – Innovationen. 2. Aufl., Edewecht, Stumpf + Kossendey.

Hackstein A, Hagemann V, von Kaufmann F, Regener H (Hrsg.) (2016) Handbuch Simulation. Edewecht, Stumpf + Kossendey.

Hagemann V (2011) Trainingsentwicklung für High Responsibility Teams. Lengerich, Pabst Science Publ.

Kaplan LJ et al. (2009) Un-covering system errors using a rapid response team: cross-coverage caught in the crossfire. J Trauma 67: 173–179.

Marx D (2017) FaktorMensch® – Sicheres Handlen in kritischen Situationen. 2. Aufl. Kiel, MEDI-LEARN.

Neumayr A, Baubin M, Schinnerl A (Hrsg.) (2019) CIRS im Rettungsdienst. Umgesetzte Maßnahmen und Lernpotenziale. Edewecht, Stumpf + Kossendey.

Rall M, Team TüPASS (2010) Lernen aus kritischen Ereignissen auf der Intensivstation. Intensivmedizin up2date 6 (2): 85–103.

Rall M, Manser T, Guggenberger H, Gaba DM, Unertl K (2001) Patientensicherheit und Fehler in der Medizin. Entstehung, Prävention und Analyse von Zwischenfällen. Anästhesiologie, Intensivmedizin, Notfallmedizin und Schmerztherapie 36: 321–330.

Rall M, Lackner C (2010) Crisis Resource Management (CRM) – Der Faktor Mensch in der Akutmedizin. Notfall Rettungsmed 13: 349–356.

Rall M, Gaba DM (2009) Patient Simulation. In: Miller RD (Hrsg.) Miller‘s Anesthesia. Philadelphia, PA, Elsevier, Churchhill Livingstone, S. 151–192.

Reason J (2000) Human error: models and management. Western Journal of Medicine 172: 393–396.

Reason J (1997) Managing the Risks of Organizational Accidents. Aldershot, Ashgate.

Vincent C (2006) Patient safety. Edinburgh, Elsevier.

Abbildungsnachweis

Aviation Safety Network
http://aviation-safety.net/index.php
Abb. 1

Deutsches Zentrum für Luft- und Raumfahrt e.V. (DLR), Köln
Abb. 2 (rechts oben)

Tobias de Haan
Leitstelle Nord, Harrislee
Abb. 5, 7, 9, 20, 25, 27, 28 (links)

Sebastian Drolshagen
Dortmund
Abb. 6 (links), 15, 17, 22, 24

Frank Gebauer
Leitstelle Nord, Harrislee
Abb. 2 (rechts unten), 26, 28 (rechts und unten), 29, 30

Landesportal der Thüringer Polizei
http://www.thueringen.de/th3/polizei/
Abb. 2 (links oben)

Marcus Rall
Institut für Patientensicherheit und Teamtraining InPASS GmbH, Reutlingen
Abb. 4

Markus Ruckdeschel
ILS Bayreuth/Kulmbach
Abb. 6 (rechts)

Rolf Strobel
ILS Stuttgart
Abb. 12

Klaus von Frieling
Verlag Stumpf + Kossendey, Edewecht
Abb. 8, 23

Ronnie Zeiller
ALLES YACHT, Wien
Abb. 2 (links unten)

Alle nicht aufgeführten Abbildungen wurden vom Verlag nach Vorgaben der Autoren erstellt.

Autoren

Dr. med. Marcus Rall
Gründer & Geschäftsführer
InPASS Institut für Patientensicherheit & Teamtraining GmbH
Friedrich-Naumann-Straße 13
D-72762 Reutlingen
E-Mail: marcus.rall@inpass.de
www.inpass.de

Peter Dieckmann
PhD, Dipl.-Psych., Psychodrama Director (DAAG), FSSH
Universität in Stavanger, Norwegen
Copenhagen Academy for Medical Education and Simulation (CAMES), Dänemark
Herlev Hospital
Borgmester Ib Juuls Vej 1
DK-2300 Herlev
E-Mail: mail@peter-dieckmann.de
www.regionh.dk/cames

Achim Hackstein
Leiter des kommunalen Teils der Kooperativen Regionalleitstelle Nord
Am Oxer 40
D-24955 Harrislee
E-Mail: achim.hackstein@leitstelle-nord.de

Anhang

Inzwischen gibt es verschiedene Anbieter, welche Audio-Videoanlagen für die Leitstellensimulation anbieten. Manche Angebote sind direkt für die Simulation/das Debriefing in Leitstellen optimiert.

Wie in der Tabelle beispielhaft gezeigt, kann man auch mit weniger Mitteln, aber natürlich einigen Einschränkungen, eine Debriefinganlage aufbauen.

Stückliste Video / Audio KRLS Nord

Bauteil	Anmerkung / Hinweise
Videokamera AXIS M1025 Network Camera	Die Aufzeichnung erfolgt je Betriebstisch und bei Bedarf kann eine zusätzliche Kamera den gesamten Raum aufnehmen.
WLAN Access Point	Zur Einbindung eines Notebooks, über das beim Debriefing die Aufzeichnungssoftware gesteuert werden kann.
PoE Switch (24-fach)	Netzwerkverteiler für Kameras und Rechnersysteme
Server, Intel Core i7 Prozessor und 16 GB RAM (mind.)	Server zum Betrieb der Aufzeichnungssoftware
Audio Interface M-Audio M-Track Eight, Soundkarte	Schnittstelle zwischen der Aufzeichnungssoftware und den Audioanschlüssen an den Betriebstischen und den Ausgängen der Mikrofonempfänger
Drahtlose Mikrofonie, Sennheiser, komplett	Aufzeichnung erfolgt personenbezogen über ein Lavaliermikrofon, somit kann der Ton immer exakt einer Person zugeordnet werden.
Grenzflächenmikrofon, Mc CRYPT PHM 956	Alternative zur drahtlosen und personenbezogenen Mikrofonie; die Mikrofone sind so zu platzieren, dass Störeinflüsse vermieden werden.
Software zur Aufzeichnung	Am Markt sind leistungsfähige Produkte verfügbar, beim Erwerb ist lediglich darauf zu achten, dass alle Audio- und Videosignale aufgezeichnet und selektiv wieder gegeben werden können.

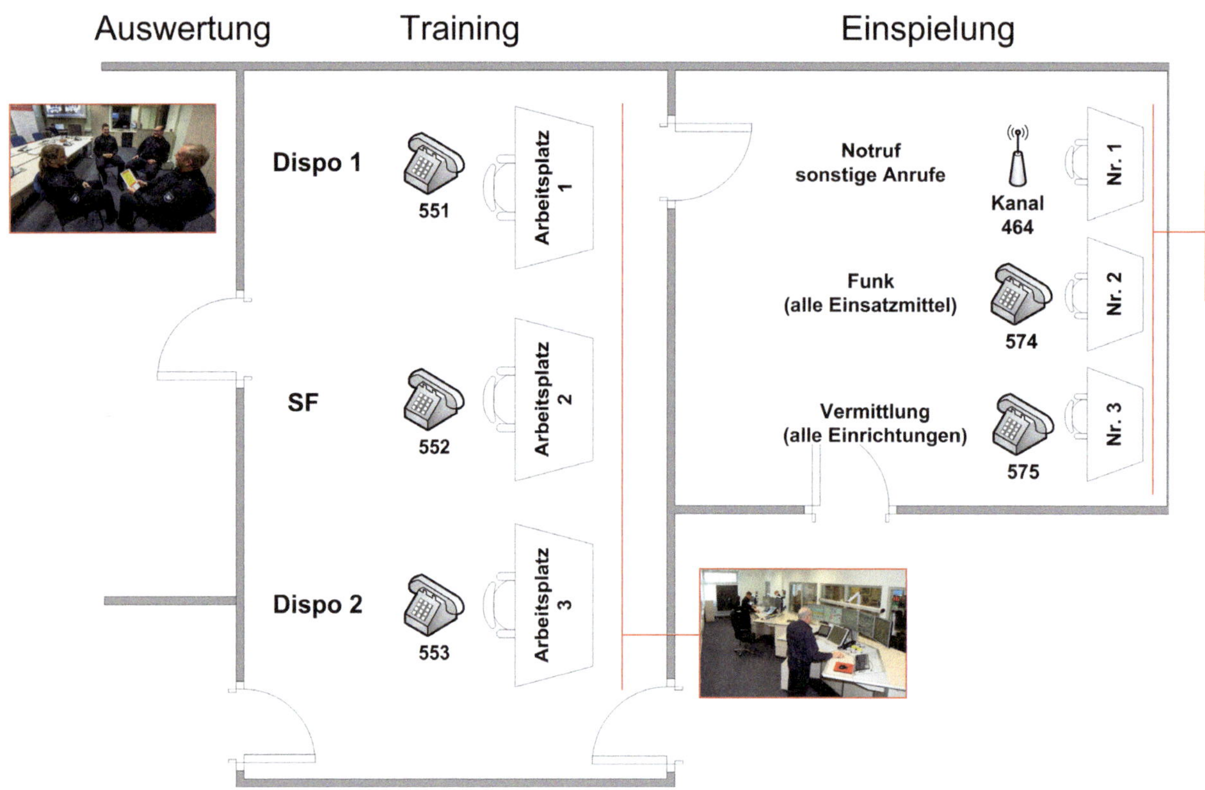

Abb. 28 ▶ Raum- und Funktionsplanung

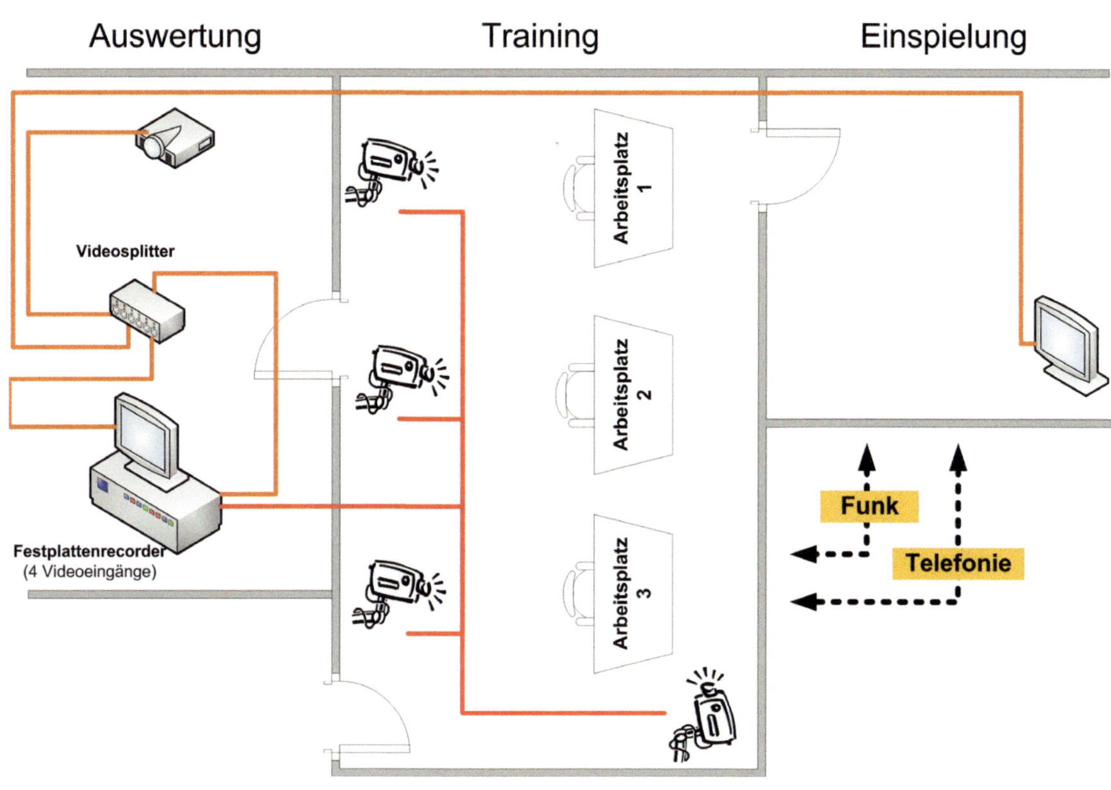

Abb. 29 ▶ Videoplanung

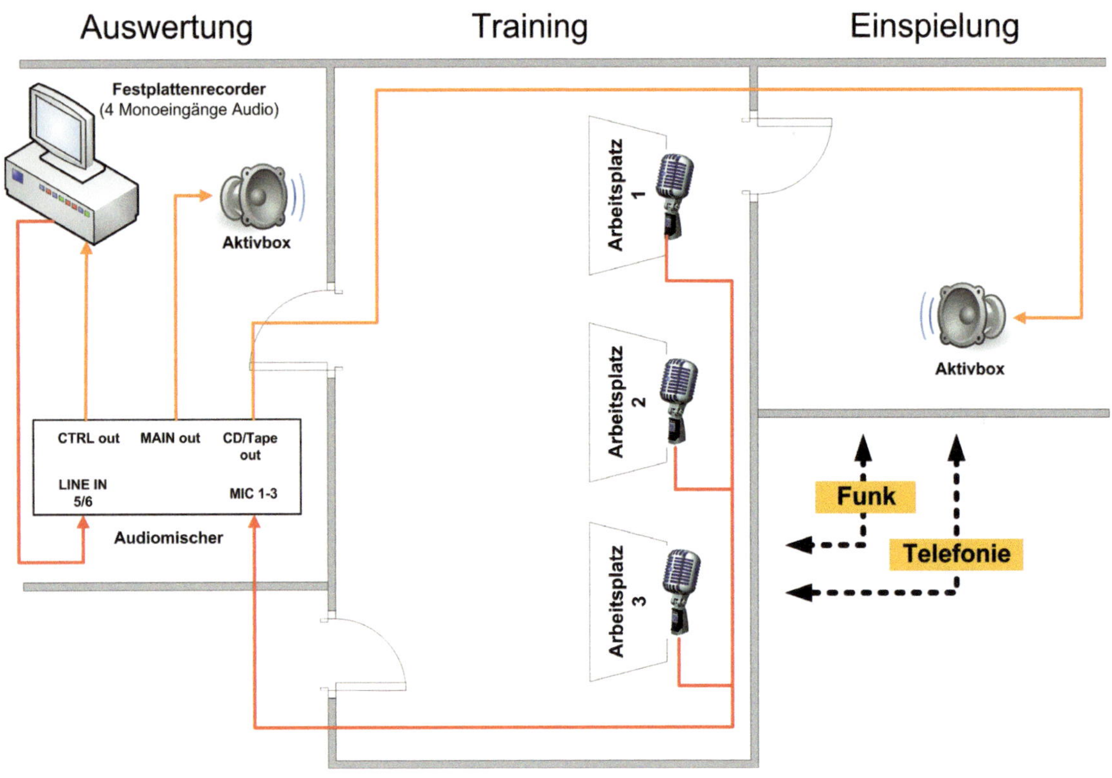

Abb. 30 ▶ Audioplanung

Musterszenario 1

Bahnunfall

Szenario Beschreibung innerhalb des Simulatorteams

Am späten Abend im Sommer ereignet sich zwischen Musterdorf und Dorfstadt ein Bahnunfall. Ein NOB Zug mit 4 Waggons, 1 Triebwagen und ca. 50 Personen ist entgleist. Der Triebwagen und der erste Waggon drehen sich dabei um 180 Grad und kommen auf der Seite zum Liegen.

Es gehen insgesamt 3 Notrufe ein, die unterschiedliche Blickwinkel auf die Einsatzstelle haben.

1. Notruf aus dem Zug
2. Notruf Autofahrer in der Nähe vom Bahnübergang
3. Notruf aus einem Einfamilienhaus direkt am Bahnübergang

Lernziele

- CRM-Leitsätze anwenden
- Standards umsetzen
- Disposition und Aufbau einer Sonderlage

Mögliche Störfaktoren

- Funkgespräche von anderen Rettungsmitteln
- Polizist stört den Betrieb
- weitere Notrufe werden eingespielt

Einsatzort

Bahnstrecke DB 1210, Kilometer 183, 439, BÜ Musterdorf
Szenario / Einsatzgrund / Patient
TH BAHN G R4 / Personenzug entgleist / unbekannte Anzahl Verletzter
Alarmierte Einsatzmittel korrekt?

Wichtige Punkte für das Debriefing

- Standardisierte Notrufabfrage eingesetzt?
- Disposition
  Korrekte Disposition / korrektes Einsatzstichwort gewählt?
  Alarmierung der Leitungsdienste / Führungsdienste?
  Alarmierung der dienstfreien Disponenten?
  Nachbarleitstellen in Kenntnis gesetzt?

- Aufbau der Lage
  Aufbau der Lage im Leitstellenraum?

- Kommunikation
  Notruf im Team besprochen und Einsatzort korrekt lokalisiert?
  Punktuelle Lage kommuniziert?
  Alle wichtigen Informationen kurz kommuniziert?
  Vorläufige Bereitstellungsräume definiert und kommuniziert?

Bahnunfall: Einspieler Nr. 1

Szenario Beschreibung innerhalb des Simulatorteams

Am späten Abend im Sommer ereignet sich zwischen Musterdorf und Dorfstadt ein Bahnunfall. Ein NOB Zug mit 4 Waggons, 1 Triebwagen und ca. 50 Personen ist entgleist. Der Triebwagen und der erste Waggon drehen sich dabei um 180 Grad und kommen auf der Seite zum Liegen.

Es gehen insgesamt 3 Notrufe ein, die unterschiedliche Blickwinkel auf die Einsatzstelle haben.

1. Notruf aus dem Zug
2. Notruf Autofahrer in der Nähe vom Bahnübergang
3. Notruf aus einem Einfamilienhaus direkt am Bahnübergang

Telefon: Fehlanruf

Telefon:
»Hallo hier Leitstelle West, Thomas, ich habe für euch einen Krankentransport in Lunden, Wilhelmstraße 20, Uwe Beier, 54 Jahre alt, Einweisung als KBF mit unklarem Abdomen«

Notruf 1: Aus dem Zug
»Hilfe kommen Sie schnell, ich bin hier durch den Zug geschleudert worden.«
»Ich kann mich noch an den Bahnhof Musterdorf erinnern.«
»Die Leute liegen alle quer im Zug.«

Auf Nachfrage:
»Ich schätze, es befinden sich 50 Personen im Zug.«
Fahrtrichtung Musterdorf >>> Musterstadt.
»Ich bin Feriengast und kann nichts Genaues sagen.«

Einspieler 101 übernimmt die Regie und reagiert ggf. kurzfristig auf die Ereignisse.

Bahnunfall: Einspieler Nr. 2

Szenario Beschreibung innerhalb des Simulatorteams

Am späten Abend im Sommer ereignet sich zwischen Musterdorf und Dorfstadt ein Bahnunfall. Ein NOB Zug mit 4 Waggons, 1 Triebwagen und ca. 50 Personen ist entgleist. Der Triebwagen und der erste Waggon drehen sich dabei um 180 Grad und kommen auf der Seite zum Liegen.

Es gehen insgesamt 3 Notrufe ein, die unterschiedliche Blickwinkel auf die Einsatzstelle haben.

1. Notruf aus dem Zug
2. Notruf Autofahrer in der Nähe vom Bahnübergang
3. Notruf aus einem Einfamilienhaus direkt am Bahnübergang

Funk: Florian Musterstadt 50-11-1 Übungsabend mit der kompletten FF Musterstadt in Musterdorf.

Funk: Rettung Musterstadt 20/83-2 einsatzbereit am Krankenhaus Musterstadt.

Funk: Rettung Musterdorf 2-82-1 Dienstfahrt zur Rettungswache Ost.

Notruf 2: Autofahrerin am Bahnübergang
»Musterstadt-Ost, ich wohne Olandweg und dort in der Nähe des Bahnübergangs, ich weiß nicht genau, wie das hier heißt, ich wohne noch nicht so lange hier.«
»Direkt vor meinen Augen ist ein Zug entgleist, das sieht schrecklich aus.«

Auf Nachfrage:
»Ich war zuletzt in Bergdorf-Loheide.«
»Ich sehe einen Personenzug mit 3 Waggons, zum Teil auf der Seite liegend.«

Bahnunfall: Einspieler Nr. 3

Szenario Beschreibung innerhalb des Simulatorteams

Am späten Abend im Sommer ereignet sich zwischen Musterdorf und Dorfstadt ein Bahnunfall. Ein NOB Zug mit 4 Waggons, 1 Triebwagen und ca. 50 Personen ist entgleist. Der Triebwagen und der erste Waggon drehen sich dabei um 180 Grad und kommen auf der Seite zum Liegen.

Es gehen insgesamt 3 Notrufe ein, die unterschiedliche Blickwinkel auf die Einsatzstelle haben.

1. Notruf aus dem Zug
2. Notruf Autofahrer in der Nähe vom Bahnübergang
3. Notruf aus einem Einfamilienhaus direkt am Bahnübergang

Telefon: Anfrage Notdienst Apotheke Niebüll

Notruf 3: Aus einem Einfamilienhaus direkt am Bahnübergang
»Musterstadt-Ost, Holmweg 20.«
»Das hat hier nur geknallt, ich mache die Rollläden hoch und sehe einen Zug bei uns im Garten, viele Menschen rufen nach Hilfe und schreien.«

Auf Nachfrage:
»Das ist ein Personenzug, der liegt auf der Seite.«

Musterszenario 2

Busunfall mit 60 Personen

Szenario Beschreibung innerhalb des Simulatorteams

Am späten Nachmittag befindet sich ein Reisebus mit 60 Personen besetzt auf dem Rückweg von Dänemark nach Hamburg. Der Busfahrer wird plötzlich bewusstlos und verursacht einen Verkehrsunfall. Der Reisebus fährt in einen Graben und bleibt auf der rechten Seite liegen.
Es befinden sich überwiegend ältere Menschen im Reisebus. Es wird keine Person eingeklemmt, die Personen können sich aber nicht selbstständig befreien. Alle Personen sind leicht bis mittelschwer verletzt, der Busfahrer stirbt aufgrund eines Herz-Kreislauf-Stillstands.

Lernziele

- CRM-Leitsätze anwenden
- Standards umsetzen
- Disposition und Aufbau einer Sonderlage

Mögliche Störfaktoren

- Funkgespräche von anderen Rettungsmitteln
- Polizist stört den Betrieb
- weitere Notrufe werden eingespielt

Einsatzort

Musterstadt, B5 Kreuzung L273 Abfahrt Musterstadt-Süd
Szenario / Einsatzgrund / Patient
TH G R4 / Reisebus im Graben / ca. 60 Verletzte
Alarmierte Einsatzmittel korrekt?

Wichtige Punkte für das Debriefing

- Standardisierte Notrufabfrage eingesetzt?
- Disposition
  Korrekte Disposition / korrektes Einsatzstichwort gewählt?
  Alarmierung der Leitungsdienste / Führungsdienste?
  Alarmierung der dienstfreien Disponenten?
  Nachbarleitstellen in Kenntnis gesetzt?

- Aufbau der Lage
  Aufbau der Lage im Leitstellenraum?

- Kommunikation im Team
  Sonderlage im Team kommuniziert?
  Alle wichtigen Informationen kontinuierlich und kurz kommuniziert?
  Vorläufige Bereitstellungsräume definiert und kommuniziert?

Busunfall mit 60 Personen: Einspieler Nr. 1

Szenario Beschreibung innerhalb des Simulatorteams

Am späten Nachmittag befindet sich ein Reisebus mit 60 Personen besetzt auf dem Rückweg von Dänemark nach Hamburg. Der Busfahrer wird plötzlich bewusstlos und verursacht einen Verkehrsunfall. Der Reisebus fährt in einen Graben und bleibt auf der rechten Seite liegen.
Es befinden sich überwiegend ältere Menschen im Reisebus. Es wird keine Person eingeklemmt, die Personen können sich aber nicht selbstständig befreien. Alle Personen sind leicht bis mittelschwer verletzt, der Busfahrer stirbt aufgrund eines Herz-Kreislauf-Stillstands.

Telefon: Fehlanruf

Telefon:
»Hallo hier ist Hübi von der Leitstelle West, ich wollte euch mitteilen, dass der Christoph Europa 5 gleich wieder in Norderende einsatzbereit ist.«

Notruf 1:
»Auf der Bundesstraße 5, Höhe Abfahrt Musterstadt-Süd.«
»Hier ist ein Bus in den Graben gefahren.«

Auf Nachfrage:
»Der liegt auf der Seite.«
»Es befinden sich viele Menschen in dem Bus, die sich nicht befreien können.«

Busunfall mit 60 Personen: Einspieler Nr. 2

Szenario Beschreibung innerhalb des Simulatorteams

Am späten Nachmittag befindet sich ein Reisebus mit 60 Personen besetzt auf dem Rückweg von Dänemark nach Hamburg. Der Busfahrer wird plötzlich bewusstlos und verursacht einen Verkehrsunfall. Der Reisebus fährt in einen Graben und bleibt auf der rechten Seite liegen.
Es befinden sich überwiegend ältere Menschen im Reisebus. Es wird keine Person eingeklemmt, die Personen können sich aber nicht selbstständig befreien. Alle Personen sind leicht bis mittelschwer verletzt, der Busfahrer stirbt aufgrund eines Herz-Kreislauf-Stillstands.

Funk: Rettung Musterdorf 70/83-1 einsatzbereit Fachkrankenhaus Kranichburg.

Funk: Rettung Neufundland 17/83-1 einsatzbereit St. Peter-Ording Richtung Heide.

Funk: Rettung Musterdorf 50/83-1 benötigen Notarzt zur Einsatzstelle

Funk: Florian Musterstadt 31/11-1 fährt nach Rendsburg zu der Firma Ziegler

Busunfall mit 60 Personen: Einspieler Nr. 3

Szenario Beschreibung innerhalb des Simulatorteams

Am späten Nachmittag befindet sich ein Reisebus mit 60 Personen besetzt auf dem Rückweg von Dänemark nach Hamburg. Der Busfahrer wird plötzlich bewusstlos und verursacht einen Verkehrsunfall. Der Reisebus fährt in einen Graben und bleibt auf der rechten Seite liegen.
Es befinden sich überwiegend ältere Menschen im Reisebus. Es wird keine Person eingeklemmt, die Personen können sich aber nicht selbstständig befreien. Alle Personen sind leicht bis mittelschwer verletzt, der Busfahrer stirbt aufgrund eines Herz-Kreislauf-Stillstands.

Notruf: Großenwiehe, Hauptstraße 5, Herr Lindemann, 22.07.1939, Pflegedienst vor Ort, der Blasenkatheter ist verstopft

Notruf:
»Bundesstraße 5, Abfahrt Musterstadt-Süd/Hafen«
»Direkt vor mir ist ein Reisebus mit vielen Menschen in den Graben gefahren und liegt auf der Seite.«

Auf Nachfrage:
»Ich schätze, es befinden sich ca. 60 überwiegend ältere Menschen in dem Bus.«

Telefon: Verwählt

Musterszenario 3

Feuer im Hausflur von zwei unterschiedlichen Mehrfamilienhäusern

Szenario Beschreibung innerhalb des Simulatorteams

Mitten in der Nacht laufen mehrere Notrufe aus unterschiedlichen Mehrfamilienhäusern in Musterstadt ein. Gemeldet wird ein Wohnungsbrand im EG eines fünfstöckigen Mehrfamilienhauses. Der komplette Treppenraum ist verqualmt, eine Person befindet sich im 2. OG am Fenster und schreit nach Hilfe. Eine weitere Person aus dem 4. OG teilt mit, dass das Treppenhaus nicht begehbar ist und sie große Angst hat. Insgesamt sind in dem Gebäude 18 Personen gemeldet. Wenige Minuten nach dem 3. Notruf geht ein weiterer Notruf aus der Terrassenstraße ein, es wird ein Feuer im Flurbereich mit starker Verqualmung von einem Bewohner aus dem 3. OG der Hausnummer 31 gemeldet.

Lernziele

- CRM-Leitsätze anwenden
- Standards umsetzen
- Disposition und Aufbau einer Sonderlage

Mögliche Störfaktoren

- Funkgespräche von anderen Rettungsmitteln
- Polizist stört den Betrieb
- weitere Notrufe werden eingespielt

Einsatzort

Musterstadt, Terrassenstraße 12 und Terrassenstraße 31
Szenario / Einsatzgrund / Patient
FEUY / F_Rauchentwicklung Hausflur / mind. 2 Personen (18 gemeldet)
Alarmierte Einsatzmittel korrekt?

FEUY bis 2. Notruf (Hausnummer 12)
Löschzug Berufsfeuerwehr und FF Nordstadt
2 RTW / 1 NEF / Leitungsdienst Leitstelle / Polizei
FEU 2 nach dem 3. Notruf (Hausnummer 31)
FF Südstatdt / 1 RTW
Rückmeldung vom Löschzug, Nachalarmierung / Informieren:
4. RTW / LNA
Busunternehmen für betroffene Bewohner/Stadtwerke

Wichtige Punkte für das Debriefing

- Standardisierte Notrufabfrage eingesetzt?
  2. Einsatzstelle erkannt?
  Verhaltenshinweise bei Brandeinsatz gegeben?
- Disposition
  Szenario und Info-Text korrekt gewählt?
  Szeario-Erhöhung und Info-Text korrekt gewählt?

- Aufbau der Lage sinnvoll strukturiert und im Team besprochen?

- Kommunikation im Team?
  Zwei unterschiedliche Einsatzstellen im Team erkannt/kommuniziert?
  Alle wichtigen Informationen an die Einsatzkräfte/DGL Polizei gegeben?

Feuer im Hausflur von zwei unterschiedlichen Mehrfamilienhäusern: Einspieler Nr. 1

Szenario Beschreibung innerhalb des Simulatorteams

Mitten in der Nacht laufen mehrere Notrufe aus unterschiedlichen Mehrfamilienhäusern in Musterstadt ein. Gemeldet wird ein Wohnungsbrand im EG eines fünfstöckigen Mehrfamilienhauses. Der komplette Treppenraum ist verqualmt, eine Person befindet sich im 2. OG am Fenster und schreit nach Hilfe. Eine weitere Person aus dem 4. OG teilt mit, dass das Treppenhaus nicht begehbar ist und sie große Angst hat. Insgesamt sind in dem Gebäude 18 Personen gemeldet. Wenige Minuten nach dem 3. Notruf geht ein weiterer Notruf aus der Terrassenstraße ein, es wird ein Feuer im Flurbereich mit starker Verqualmung von einem Bewohner aus dem 3. OG der Hausnummer 31 gemeldet.

Telefon: Fehlanruf

Telefon: Anfrage Apothekennotdienst in Musterstadt

Telefon: Anfrage KV Dienst

Telefon: Fehlanruf

Notruf 1:
Musterstadt, Terrassenstraße 12
»Hallo Gottschalk, ich brauche dringend Hilfe, im Flur brennt es, der Flur ist verqualmt.«

Auf Nachfrage:
»Ich befinde mich im 2. OG.«

Auf Anweisung:
An dem Fenster oder Balkon bemerkbar machen.

Notruf 2:
Musterstadt, Terrassenstraße 12
»Hier brennt das, der ganze Flur ist verraucht.«

Auf Nachfrage: »Ich befinde mich im 4. OG.«

Auf Anweisung:
An dem Fenster oder Balkon bemerkbar machen.

Einspieler 101 übernimmt die Regie und reagiert ggf. kurzfristig auf die Ereignisse.

Feuer im Hausflur von zwei unterschiedlichen Mehrfamilienhäusern: Einspieler Nr. 2

Szenario Beschreibung innerhalb des Simulatorteams

Mitten in der Nacht laufen mehrere Notrufe aus unterschiedlichen Mehrfamilienhäusern in Musterstadt ein. Gemeldet wird ein Wohnungsbrand im EG eines fünfstöckigen Mehrfamilienhauses. Der komplette Treppenraum ist verqualmt, eine Person befindet sich im 2. OG am Fenster und schreit nach Hilfe. Eine weitere Person aus dem 4. OG teilt mit, dass das Treppenhaus nicht begehbar ist und sie große Angst hat. Insgesamt sind in dem Gebäude 18 Personen gemeldet. Wenige Minuten nach dem 3. Notruf geht ein weiterer Notruf aus der Terrassenstraße ein, es wird ein Feuer im Flurbereich mit starker Verqualmung von einem Bewohner aus dem 3. OG der Hausnummer 31 gemeldet.

Funk: Florian Nordstadt 31/11-1 fährt zum Kreisfeuerwehrverband nach Husum

Funk: Rettung Nordstadt 20/83-2 Patient aufgenommen zum WKK Heide

Funk: Rettung Schlesenhagen 50/83-1 benötigen Notarzt zur Einsatzstelle

Funk: Rettung Dietrichsdorf 17/83-1 mit Sonderrechten, Inkubator und Kinderarzt auf dem Weg zum Klinikum Musterstadt

Funk: Florian Schlesenhagen 10/32-1, Fahrzeugschaden, gehen außer Dienst

Funk (nach Regieanweisung):
1-11-1 Rückmeldung von der Einsatzstelle: 2 Feuer im Flurbereich zwei unterschiedlicher Mehrfamilienhäuser, Menschenrettung über DLK und Steckleiterteilen sowie die Brandbekämpfung über 2 C-Rohre eingeleitet. Alarmieren Sie den LNA und informieren Sie die Stadtwerke und das städtische Busunternehmen, wir benötigen einen Bus für die Hausbewohner. Bereitstellungsraum Rettungsdienst und Bus Apenrader Straße.

Feuer im Hausflur von zwei unterschiedlichen Mehrfamilienhäusern: Einspieler Nr. 3

Szenario Beschreibung innerhalb des Simulatorteams

Mitten in der Nacht laufen mehrere Notrufe aus unterschiedlichen Mehrfamilienhäusern in Musterstadt ein. Gemeldet wird ein Wohnungsbrand im EG eines fünfstöckigen Mehrfamilienhauses. Der komplette Treppenraum ist verqualmt, eine Person befindet sich im 2. OG am Fenster und schreit nach Hilfe. Eine weitere Person aus dem 4. OG teilt mit, dass das Treppenhaus nicht begehbar ist und sie große Angst hat. Insgesamt sind in dem Gebäude 18 Personen gemeldet. Wenige Minuten nach dem 3. Notruf geht ein weiterer Notruf aus der Terrassenstraße ein, es wird ein Feuer im Flurbereich mit starker Verqualmung von einem Bewohner aus dem 3. OG der Hausnummer 31 gemeldet.

Telefon: Anfrage Apothekennotdienst in Musterstadt

Notruf: Herr Lindemann, 22.07.1939, der Blasenkatheter ist verstopft (>>> 116 117)

Telefon: Verwählt

Notruf 3:
Musterstadt, Terrassenstraße
»Kommen Sie schnell, hier brennt das in der Terrassenstraße.«

Auf Nachfrage:
Musterstadt, Terrassenstraße 31
Wulf, Gerd
»Ich befinde mich im 3. OG.«

Auf Anweisung:
An dem Fenster oder Balkon bemerkbar machen.

Telefon: Leitstelle Mitte ruft an und fordert RTW und NEF für die Ostseeklinik Dump Station 10 an. Patient Else Hörner, 09.12.1921, bewusstlos.

Telefon: Rettung Nordstadt 70/83-1, benötigen einmal das NEF, ACS

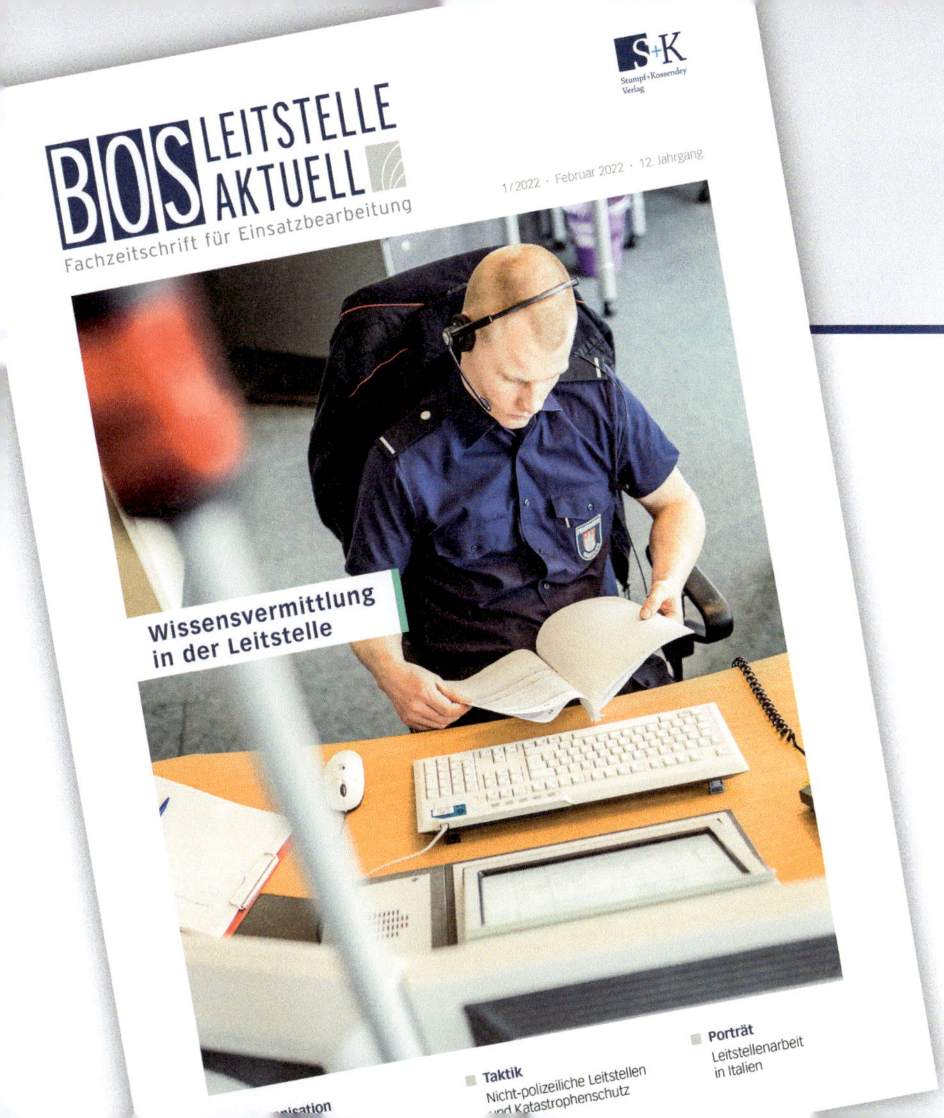